其他综合收益的信息含量研究

吴志秀　著

中国财经出版传媒集团
中国财经经济出版社
北京

图书在版编目（CIP）数据

其他综合收益的信息含量研究 / 吴志秀著. -- 北京：中国财政经济出版社，2023. 12

ISBN 978 - 7 - 5223 - 2338 - 1

Ⅰ. ①其… Ⅱ. ①吴… Ⅲ. ①上市公司 - 会计信息 - 研究 - 中国 Ⅳ. ①F279. 246

中国国家版本馆 CIP 数据核字（2023）第 119699 号

责任编辑：彭 波　　责任印制：史大鹏
封面设计：卜建辰　　责任校对：张 凡

其他综合收益的信息含量研究
QITA ZONGHE SHOUYI DE XINXI HANLIANG YANJIU

中国财政经济出版社 出版

URL：http：//www. cfeph. cn
E - mail：cfeph@ cfeph. cn

社址：北京市海淀区阜成路甲 28 号 邮政编码：100142
营销中心电话：010 - 88191522
天猫网店：中国财政经济出版社旗舰店
网址：https：//zgczjjcbs. tmall. com
北京财经印刷厂印刷 各地新华书店经销
成品尺寸：170mm × 240mm 16 开 13. 5 印张 200 000 字
2023 年 12 月第 1 版 2023 年 12 月北京第 1 次印刷
定价：68. 00 元
ISBN 978 - 7 - 5223 - 2338 - 1
（图书出现印装问题，本社负责调换，电话：010 - 88190548）
本社质量投诉电话：010 - 88190744
打击盗版举报热线：010 - 88191661 QQ：2242791300

前　言

会计信息披露会影响资源配置效率，是资本市场高质量发展的基石。提升会计信息有用性是现阶段推动我国经济高质量发展的内在要求。随着资本市场快速发展，与市场价格波动相联系的基于未来现金流的交易或事项越来越多，传统的会计收益很难真实反映企业价值变动，而包含大量公允价值变动信息的其他综合收益（Other Comprehensive Income，OCI）已成为重要的信息来源。OCI 主要反映以公允价值计量的资产和负债的价值变动，能提供更加全面、及时和更具预测价值的相关信息，但其波动性、暂时性、未实现性、不确定性、复杂性等特征，使 OCI 是否具有信息含量的问题变得复杂。伴随我国会计实务的发展，OCI 也经历了准则层面的蜕变。2014 年会计准则修订后，OCI 在利润表中单独分项分类列报，且列报位置由“每股收益”下方调整为“净利润”项目下方列示。2014 年 OCI 列报制度改革是否在股票市场产生了积极的市场反应，对投资者超额报酬有何影响？与传统净利润相比，新增的 OCI 信息披露是否提高了会计信息的信息含量？对不同的会计信息使用者而言 OCI 的信息含量是否具有差异性？目前学术界对这些问题研究尚浅，这不仅需要理论的回答，也需要结合我国制度背景和最新数据进行实证检验。会计信息含量受多重因素影响，不仅依赖于会计信息质量、会计准则、信息披露制度和信息环境，还受信息使用者认知能力与习惯的影响。因此，OCI 信息含量应综合考虑这些影响因素进行研究。

本书以 2012 ~2018 年我国沪深 A 股上市公司数据为样本，选取了投资者、债权人（银行）和证券分析师三个主体，从不同的信息使用者视角探讨了 OCI 的信息含量，并从理论层面对 OCI 进行定义，对其基本特征进行了归纳。结合 OCI 披露现状和本书的主要研究结论，分别从准则制定机构、信息使用者、企业和资本市场完善四个层面提出相关政策建议，以期为OCI相关的准则修订、信息披露制度完善、信息使用者认知能力提升、加强信息披露内外部监管等提供一定借鉴与参考，以利于全面提升OCI信息含量。

本书主要研究内容及结论有：

第一，从理论层面对OCI进行了理论推演和概念界定。目前，采用排除法对OCI进行间接定义较多，未从根本上解决OCI的定义和确认问题。本书从OCI形成的经济实质出发，从会计计量视角对OCI的形成进行理论推演，在此基础上进行概念界定和特征归纳，为本书后续的实证研究奠定理论基础。

第二，基于投资者视角研究了OCI列报对投资者超额报酬的影响。运用事件研究法，以盈余反应系数为研究工具，分析检验了OCI列报对投资者增量信息的释放及其市场反应。研究发现，其他综合收益与盈余反应系数显著负相关，这可能与其他综合收益导致投资者对企业未来盈余及其持续性的保守估计和投资者认知能力不足有关。进一步研究发现，当提供审计服务的会计师事务所不是来自四大，股东关联度高或高管持股比例高时，其他综合收益与盈余反应系数的负向关系更显著，说明外部监督机制“失灵”和内部治理水平下降加剧了两者的负向作用。当机构投资者持股比例较低时，其他综合收益与盈余反应系数的负向关系更显著，且2014年其他综合收益准则列报要求变更后该负向关系也更显著。这说明投资者认知能力和会计制度变迁是影响其他综合收益信息含量的重要因素。另外，本书还进一步从OCI与未预期盈余波动以及OCI与盈余持续性的关系两个方面进行了内在机理检验：一方面，OCI会使投资者改变对企业未来盈余的预期，加大未预期盈余的波动；另一方面，OCI降低了投资者对盈余持续性的判断，加剧了盈余持续性对盈余反应系数的负面影响。

第三，基于债权人（银行）视角研究了OCI对银行信贷决策的影响。本书分别从信贷规模、贷款成本、贷款期限结构和贷款性质结构四个方面进行了实证检验，研究发现：首先，OCI对银行信贷决策具有信息含量。OCI与信贷规模、第t-2期OCI与长期借款比例显著负相关，OCI与信贷成本、银行信用贷款比例显著正相关。其次，公司治理水平在OCI的银行信贷决策影响中具有调节作用，当高管持股比例低、总经理与董事长“二职分置”和企业机构投资者持股比例高时，OCI对信贷规模、贷款成本、贷款性质结构和贷款期限结构的影响更显著。最后，进一步研究发现：(1)信息透明度在OCI的银行信贷决策影响中发挥中介作用。OCI列报对应计盈余管理和真实盈余管理均具有抑制作用，有利于证券交易所公布的信息披露考评。OCI不仅直接影响银行信贷决策，还可通过提升信息透明度进一步提升信贷决策信息含量。(2)OCI具有一定的预测能力，可预测企业未来现金流，这可能是OCI具有信贷决策信息含量的重要原因。(3)OCI的波动性在银行信贷规模、贷款成本和贷款期限结构的决策中具有信息含量，且银行对OCI波动方向的关注具有非对称性，在信贷规模和贷款利率决策中更加关注OCI的负向波动，在贷款期限结构决策中更加关注OCI的正向波动。(4)对OCI正负符号的信息含量进行分组检验发现，银行在信贷规模决策时对OCI的关注具有对称性，无论是正向还是负向OCI均具有信息含量。在贷款利率和贷款结构（包括贷款性质结构决策和贷款期限结构）决策时对OCI的关注具有非对称性，在贷款利率决策时更加关注负向OCI信息。在贷款结构（包括贷款性质结构决策和贷款期限结构）决策时更加关注正向OCI信息。(5)2014年OCI列报制度改革显著影响了贷款成本和银行贷款性质结构，使OCI在银行信贷决策中的信息含量显著增强。

第四，基于证券分析师视角研究了OCI的信息含量，探讨了OCI及其波动性对分析师盈余预测及其准确性的影响，研究发现，OCI的波动与分析师盈余预测的波动显著正相关。OCI的波动不仅直接正向影响分析师盈余预测，而且会通过抑制实际每股收益与分析师盈余预测的正相关关系，进而间接影响分析师盈余预测。OCI及其波动性对分析师盈余预测的影响在公司业务复杂程度高、内部控制质量较高时更为显著。实证结果表明，OCI具有预测能力，其波动可提高分析师盈余预测准确性，OCI对分析师而言具有信息含量。

本书可能的创新点在于：

第一，本书研究了OCI对不同的信息使用者（投资者、债权人和证券分析师）的信息含量及其差异性，使OCI信息含量的研究具有系统性和全面性。现有研究多以投资者的信息含量研究为主，债权人次之，涉及证券分析师的信息含量研究更少。OCI 对投资者的信息含量研究虽然相对较多，但研究结论不一致。另外，本书将证券分析师纳入研究体系，并将分析师与投资者两者相联系对 OCI 信息含量差异性进行深层次分析与探讨，使本书更具有深度、系统性更强。

第二，研究视角、研究方法和研究内容具有新颖性。首先，研究视角新颖独特具体表现为：(1) 基于会计计量视角，对 OCI 进行了理论推演和概念界定；(2) 将 OCI、未预期盈余与累计超额报酬相结合，从盈余反应系数视角分析了 OCI 列报对投资者超额报酬的影响；(3) 在 OCI 对债权人信贷决策影响的研究中，以银行信用贷款决策作为切入点，巧妙地将 OCI 与银行贷款类型相结合，开创性地研究了 OCI 与银行贷款性质结构的关系，另外，从 2014 年 OCI 列报制度变更视角对其政策效应进行了检验；(4) 基于 OCI 波动性特征视角实证分析了 OCI 对分析师盈余预测的影响。其次，在研究方法上，本书采用短窗口事件研究法，通过分析 OCI 与盈余反应系数的关系，检验 OCI 列报对投资者增量信息的释放及其市场反应，这在国内 OCI 信息含量研究中尚属先例。最后，研究内容具有新颖性。在第三章投资者视角的信息含量研究中，通过 OCI 与未预期盈余波动性、OCI 与盈余持续性两组关系的研究，对 OCI 列报的市场反应进行了内在作用机理检验。在第四章债务人视角的信息含量研究中，从信息透明度的中介效应、OCI 的预测价值、OCI 波动性及其波动方向的影响、OCI 正负符号的影响和 2014 年 OCI 列报制度变革的政策效应这五个方面进行检验，拓展和深化了 OCI 的信贷决策有用性研究。

第三，从理论层面对 OCI 进行了理论推演和概念界定。从 OCI 形成的经济实质出发，通过对理想环境与现实环境中收益计量模式差异进行分析，对 OCI 的形成进行了理论推演，对 OCI 进行了定义和特征归纳。

作　者

2023 年 3 月

目录

绪　论

第一节　研究背景与意义

一、研究背景

传统的会计收益建立在历史成本计量、配比原则和谨慎性原则基础之上，财务报告面向过去，侧重于会计信息可靠性，不确认未实现的利得或损失。自20世纪70年代以来，会计主体所处经济环境发生了巨大变化。物价波动、利率汇率浮动加剧了资产负债的价值变化，新的商业模式不断涌现、金融工具加速创新，公允价值广泛使用，大量“未实现”收益产生。在经济发展新形势下，历史成本计量的弊端日益凸显，越来越多的资产负债需要以公允价值或者现值计量才更具合理性，以历史成本为基础进行计量的传统会计收益已不能满足会计信息使用者多元化的需求。因此，收益的内涵也发生着变化，从收入费用观下的净利润逐步引入大量与现行价值计量密切相关，具有波动性、暂时性、未实现等特征的利得和损失，逐渐形成与总括收益观、实物资本保全相一致的收益理念。

面对经济环境的变迁，为更好地满足财务报告使用者的多元化信息需求，各准则制定机构纷纷采取行动，寻找衡量财务业绩的更好方法，综合收益和其他综合收益（Other Comprehensive Income，OCI）应运而生。从构成内容看，综合收益包括净利润（Net Income）[①] 和OCI。然而，人们对净

① 很多文献又称“净收益”，为与我国会计准则与报告实务相一致，本书统一使用“净利润”。

利润的研究很多，对 OCI 的关注度相对较低。关于 OCI 的最新定义，国际会计准则理事会（International Accounting Standards Board，IASB）的描述为“依据国际财务报告准则不能在当期损益中确认的收入和费用。”FASB 认为 OCI 是“在公认会计原则下包括在综合收益中但不包括在净利润中的收入、费用、利得和损失。”我国财政部 2014 年准则修订后将 OCI 定义为“企业根据其他会计准则规定未在当期损益中确认的各项利得和损失。”可见，各国会计准则对 OCI 定义基本一致，且多采用排除法进行间接定义，未能反映 OCI 的本质特征。学术界有关 OCI 的研究基本以实证研究为主，OCI 至今仍没有权威而直接的定义和确认标准，这也是导致 OCI 实务应用中问题重重的根源所在。

在西方发达国家，资本市场比较成熟，金融工具运用广泛，更加倾向于全面收益理念，因而，对综合收益和 OCI 的准则规范和学术研究起步较早。相对而言，OCI 在我国引入较晚，加之我国资本市场不太完善，企业及其各利益相关者对 OCI 的重视程度较低，OCI 的相关研究相对较浅。在我国会计准则国际化趋同改革中，OCI 的引入对信息使用者而言是否具有决策有用性，是否增加了会计信息含量？目前学术界尚未得出令人信服的一致结论。OCI 蕴含了大量公允价值计量的资产负债的价值变动，特别是金融工具、套期保值等项目直接与资本市场相联系，容易造成资本市场动荡并通过货币供给和汇率等渠道影响金融市场稳定，极易引发系统性金融风险，甚至影响总体国家安全与稳定。本书期望通过 OCI 对不同信息使用者的信息含量研究，分析其差异性和内在作用机理，并从 OCI 相关的准则修订、信息披露制度完善、信息使用者认知能力提升和信息披露内外部监管的加强等方面提供一定的政策建议。

目前，我国利润表采用了“净利润 + OCI”的方式进行列报，即净利润主要按收入费用观进行列报，而 OCI 按资产负债观进行列报，两类信息同时反映在利润表中。这一列报模式既保持了传统会计收益披露的范式，也能反映公允价值导致的净资产的所有变动，以利于更真实地体现企业内在价值的增减变化，是收入费用观向资产负债观过渡的稳健性选择。但 OCI 在我国的实务应用中还存在诸多问题，毛志宏等（2012）对沪深两市

2009～2011年年报数据统计发现，上市公司普遍存在OCI的漏填或错报、未在会计报表附注中对OCI具体项目予以充分披露和混淆OCI与权益性交易事项等现象，且在本书的原始数据搜集过程中也发现了类似的OCI信息披露不规范现象。目前，OCI定义较为模糊，缺乏严谨性，使其可能成为那些虽符合综合收益概念，但又难以满足损益定义的项目的“垃圾桶”，容易沦为管理层操纵盈余的工具（黄世忠，2019）。因而，本书的研究显得极为必要。现结合我国深沪A股上市公司OCI披露的最新数据做简要的现状分析。

表0－1统计了2012～2018年我国深沪A股上市公司的OCI披露情况。从表中可以看出，OCI不等于零项目下，无论是绝对数量还是相对比率均呈稳步上升趋势。2014年以后，基本半数以上的上市公司均有披露OCI，甚至2018年披露OCI的上市公司超过了60%。可见，随着经济环境变迁，绝大多数企业均涉及OCI相关的业务核算和信息披露问题，研究OCI信息含量具有重要性和必要性。

从我国深沪A股上市公司2012～2018年披露的OCI在综合收益中占比的绝对值分布概况（见表0－2）可以看出，上市公司披露的OCI虽然逐年上升，但各年披露的OCI在综合收益中占比的绝对值相对较低，传统净利润仍是综合收益的重要组成部分，这是导致报表制定者和会计信息使用者对OCI的重视和关注程度较低的重要原因。实务中，企业每股收益指标、管理者绩效考核指标等均未考虑OCI，均体现了现行业绩衡量标准和管理者激励与考核体系的弊端。传统净利润具有信息含量已基本达成共识，但部分信息使用者是否会因为OCI占比较低而忽视其传递的信息含量？该问题值得进一步研究。

二、研究意义

在我国，OCI的列报位置、披露内容和方式自2009年以来发生了较大变化。2014年会计准则修订后，OCI在利润表中分项分类单独列报，且列报位置由“每股收益”下方调整为“净利润”项目下方列报。2014年OCI

表 0－1　　我国 A 股上市公司 OCI 列报情况统计

年份	OCI 不等于零		OCI 小于零		OCI 大于零		OCI 等于零（或未列报）		合计
	数量	比例	数量	比例	数量	比例	数量	比例	数量
2012	1117	45.18%	513	20.75%	604	24.43%	1355	54.82%	2472
2013	1204	47.83%	757	30.07%	447	17.76%	1313	52.17%	2517
2014	1337	50.76%	623	23.65%	714	27.11%	1297	49.24%	2634
2015	1521	53.84%	585	20.71%	936	33.13%	1304	46.16%	2825
2016	1806	57.88%	681	21.83%	1125	36.05%	1314	42.12%	3120
2017	2082	59.54%	1344	38.43%	738	21.11%	1415	40.46%	3497
2018	2229	62.07%	1037	28.88%	1192	33.19%	1362	37.93%	3591

表 0－2　　我国 A 股上市公司 OCI 在综合收益中占比的绝对值分布概况

其他综合收益/综合收益（绝对值）	2012 年		2013 年		2014 年		2015 年		2016		2017 年		2018 年	
	数量	比例	数量	比例	数量	比例	数量	比例	数量	比例	数量	比例	数量	比例
等于 0（或未披露）	1355	54.82%	1313	52.17%	1297	49.24%	1304	46.16%	1314	42.12%	1415	40.46%	1362	37.93%
0～5%（含）	1108	44.82%	1199	47.63%	1322	50.19%	1508	53.38%	1789	57.33%	2064	59.02%	2199	61.23%
5%～10%（含）	4	0.16%	3	0.12%	6	0.23%	9	0.32%	5	0.16%	10	0.29%	16	0.45%
10%～100%（含）	4	0.16%	2	0.08%	8	0.30%	4	0.14%	9	0.29%	8	0.23%	12	0.33%
大于 100%	1	0.04%	0	0	1	0.04%	0	0	3	0.10%	0	0	2	0.06%
合计	2472	100%	2517	100%	2634	100%	2825	100%	3120	100%	3497	100%	3591	100%

列报制度改革是否产生了积极的市场反应，对投资者超额报酬有何影响？与传统净利润相比，新增的 OCI 信息披露是否具有信息含量？对不同的会计信息使用者而言 OCI 的信息含量是否具有差异性？目前学术界对这些问题研究尚浅。这不仅需要理论的回答，也需要结合我国制度背景和最新数据进行实证检验。

OCI 主要源于大量公允价值计量的资产负债的价值变动，大量 OCI 相关业务均与资本市场紧密相关，OCI 相关规定不当极易造成资本市场动荡，甚至通过货币供给和汇率等渠道影响金融市场稳定。已有文献中，有关 OCI 信息含量的研究主要集中于投资者视角的研究，债权人视角的分析次之，仅有很少一部分学者关注了分析师视角下 OCI 的信息含量。目前，国内 OCI 相关研究起步较晚，研究深度有待挖掘，且缺乏不同信息使用者视角的 OCI 信息含量研究。因此，本书的研究具有一定的理论意义和实践价值。

（一）理论意义

第一，多视角对其他综合收益的信息含量进行研究，不仅使研究更具有系统性和全面性，而且对具体的作用机制进行了实证检验，力求更深入的研究，丰富了会计信息含量的相关文献。

已有研究多从某一会计信息使用者角度对 OCI 的信息含量进行研究。本书从投资者、债权人和证券分析师的不同视角，研究了 OCI 对不同的信息使用者的信息含量及其差异性，使 OCI 信息含量的研究具有系统性和全面性，是对会计信息有用性文献的补充。一方面，投资者和债权人作为最主要的会计信息使用者，有必要研究 OCI 对两者的增量信息释放。第三章采用事件研究法，以盈余反应系数为研究工具，分析检验了 OCI 列报对投资者增量信息的释放及其市场反应。第四章分别从信贷规模、贷款成本、贷款期限结构和贷款性质结构四个方面对债权人视角下 OCI 的信息含量进行了实证检验。不仅对 OCI 与信贷规模、贷款成本、贷款期限结构的关系及其作用机理进行了更深入的挖掘，而且以信用贷款作为切入点，研究了 OCI 对贷款性质结构的影响。结合 2014 年 OCI 列报制度变革的背景，建立

DID 模型检验了其政策效应，在深化已有研究的基础上，拓宽了研究的空间。另一方面，OCI 本身涵盖业务面广，相关业务复杂程度高，OCI 的准则规定变更频繁。OCI 的有用性程度和信息含量高低受主客观因素的影响，有必要将信息使用者认知能力与 OCI 的信息含量相结合进行研究。本书着重分析了机构投资者和证券分析师在 OCI 信息含量挖掘和利用方面是否存在优势。在第三章和第四章中，按机构投资者持股比例高低对 OCI 的信息含量进行了分组检验。另外，证券分析师具有信息使用者和信息传播者双重身份，在信息搜集、分析和处理方面具有专业优势，是否能透过 OCI 及其波动性特征，提升预测的准确性？因此，本书进一步结合 OCI 的波动性特征，在第五章实证检验 OCI 的波动对分析师盈余预测及其准确性的影响，对分析师视角的 OCI 信息含量进行了研究。

第二，拓宽了其他综合收益与企业盈余反应系数、银行信贷决策和分析师盈余预测的关系研究，为会计信息有用性提供了证据支持。

盈余反应系数能有效衡量企业特质信息含量，且广泛应用于国外会计信息含量研究。在我国，OCI 的相关研究中采用传统的价格模型或收益模型进行实证分析的居多。现有 OCI 市场反应的研究中，部分缺乏我国制度背景下的探讨（Park，2018）或者直接将当期的 OCI 视为企业的超额盈余，通过检验 OCI 对累计超额报酬的直接影响程度及其方向来判断 OCI 的信息含量大小（苏洋等，2020）。国内尚未有将 OCI 与未预期盈余、累计超额报酬结合，从盈余反应系数视角分析检验 OCI 列报对投资者增量信息的释放及其市场反应的相关研究。因此，本书拓宽了 OCI 与盈余反应系数的关系研究，也是对盈余反应系数影响因素研究的有益补充。

有关 OCI 与银行信贷决策的研究尚浅。现有少量将综合收益（包括 OCI）和银行信贷相结合的研究中，绝大部分研究仅涉及贷款规模和贷款期限结构的探讨（欧阳爱平和郑超，2014；谢获宝和郭方醇，2014），研究尚浅且未对信用贷款和担保贷款进行区分。少量研究关注了会计信息与贷款性质结构的关系（刘浩等，2010；徐玉德和陈骏，2011），但均以概括的信息质量作为研究对象，未具体到某一会计信息或盈余信息对信贷决策影响，缺乏 OCI、银行信用贷款和贷款性质结构方面的细化研究。本书新增了 OCI 与贷款性质结构的相关性研究，进一步从 OCI 具有信贷决策的内在作用机理、OCI 的预测价值、OCI 波动性及其波动方向的影响、OCI 的正负符号的影响和 2014 年 OCI 列报制度变革的政策效应这五个方面进行检验，拓展并深化了 OCI 与银行信贷决策的关系研究。

分析师不仅是重要的会计信息使用者，也是信息传输者，在西方成熟资本市场中的积极作用已基本得到认可。但在我国资本市场中，分析师在缓解投资者与上市公司信息不对称方面是否有效发挥了应有的积极作用一直未有定论。国内外学者从公司特征、分析师及其所在券商的特性、信息质量与类型、信息环境、情感文本语调等方面对分析师盈余预测影响因素进行了较充分的研究，但鲜有基于会计信息层面探讨 OCI 对分析师预测的波动性、预测水平和预测准确性的影响。本书补充了 OCI 与分析师盈余预测的关系研究。

总之，本书从 OCI 列报对投资者超额报酬的影响、OCI 对银行信贷决策（包括：信贷规模、贷款成本、贷款性质结构和贷款期限结构）的影响、OCI 及其波动对分析师盈余预测的影响三个方面分析了 OCI 对投资者、债权人和证券分析师的增量信息释放，丰富了现有会计信息有用性的相关文献。

（二）现实意义

第一，本书提出从制度层面规范相关信息披露制度，提升公司治理水平，以便从根本上提升银行信用贷款可获得性，提升企业股权制衡度、内部控制质量和审计质量形成强大的内外部监督力量，提高信息使用者认知能力和加强证券市场信息披露监管等可供借鉴与参考的措施，为 OCI 的信息含量提升提供方向。

第二，为推进其他综合收益相关概念框架和准则的制定提供理论和证据支持，也为相关部门评估 OCI 准则执行效果提供参考。本书从 OCI 形成的经济实质出发，对 OCI 的形成进行了理论推演，并结合我国 OCI 列报制度改革的制度背景对 OCI 的信息含量进行了多维度的系统性研究，不仅实证检验更加深入、系统和全面，而且从理论层面对 OCI 进行了理论推演和概念界定，以期为 OCI 概念框架制定和准则层面的优化提供一定支撑，有利于对 OCI 准则执行效果进行评价。

第二节　研究思路与内容

一、研究思路

本书结合我国2014 年 OCI 列报制度变更的特殊制度背景，以沪深 A 股上市公司 2012～2018 年年报数据为样本，基于不同的会计信息使用主体，实证分析了 OCI 对投资者、债权人和证券分析师的信息含量及其差异性。最后，结合 OCI 披露现状和本书主要研究结论，分别从准则制定机构、信息使用者、企业和资本市场完善四个层面提出相关政策建议。本书研究思路如图 0－1 所示。

二、研究内容

从结构上本书包括四大部分内容，具体如下。

第一部分为提出问题，即绪论部分，主要包括研究背景与意义、研究思路与内容、研究方法与创新。通过 OCI 的研究背景介绍和 OCI 信息披露的现状分析，引出 OCI 信息含量研究的必要性，进一步归纳了其研究的理论与现实意义，阐述了本书的研究思路与框架。最后，对本书采用的研究方法及可能的创新点进行了归纳与总结。

第二部分为理论分析，包括：第一章文献综述和第二章其他综合收益的相关理论。第一章文献综述部分主要对国内外相关文献进行梳理，在已有研究基础上找到本书的研究方向。第二章其他综合收益的相关理论主要包括三部分内容：第一部分为制度背景，主要对 OCI 在各国会计准则中的演进历程进行了回顾，不仅对现行准则下 OCI 的列报进行了国际比较，而且对我国 OCI 列报进行了纵向比较，突出了我国 2014 年 OCI 列报制度改革

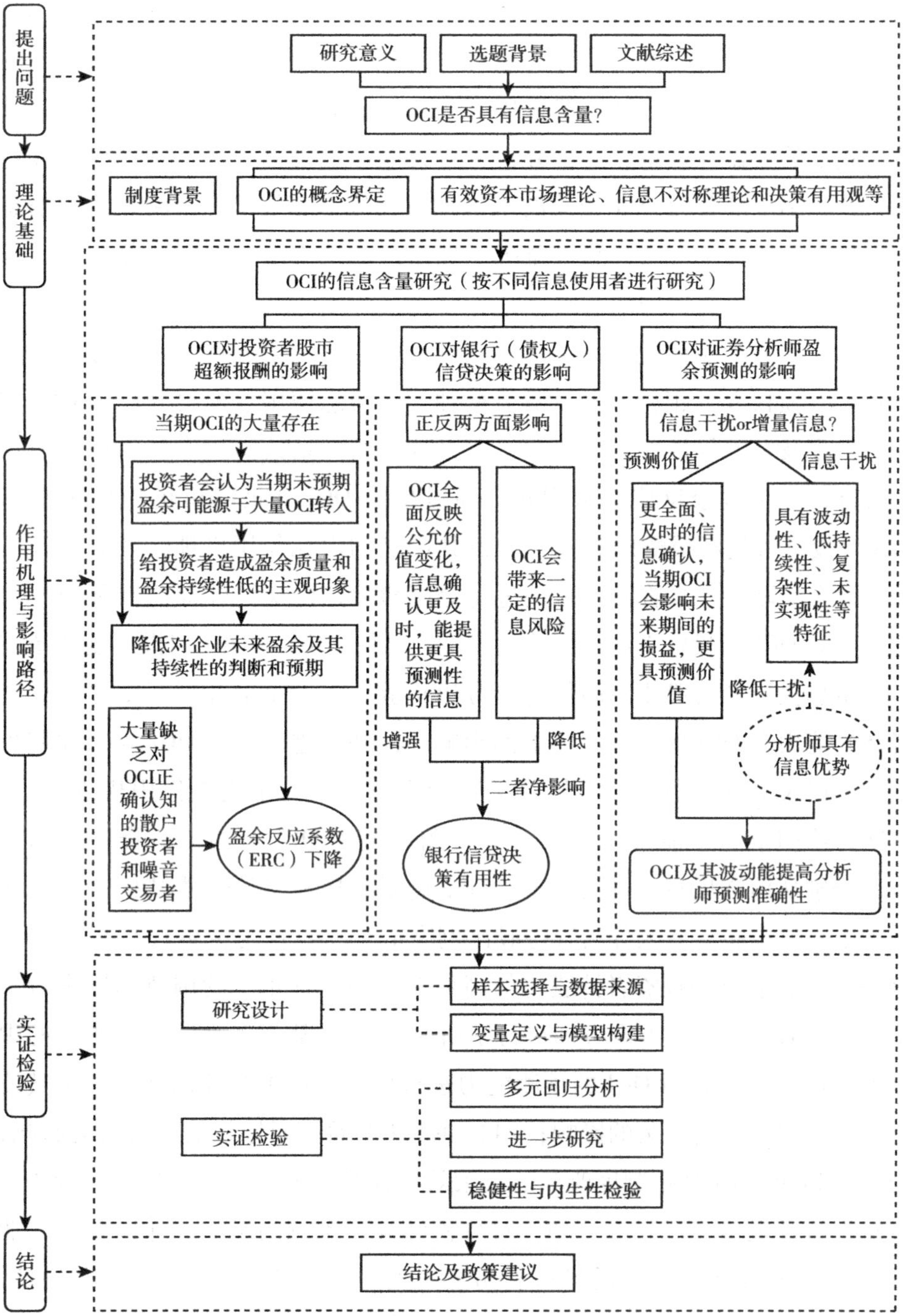

图 0－1　其他综合收益的信息含量研究技术路线

的意义，为后面 OCI 信息含量的政策效应实证检验奠定了基础；第二部分为 OCI 的概念界定，基于会计计量视角，从净利润和综合收益两种不同的业绩衡量口径出发，通过对理想环境下现行价值计量和现实环境中混合计量模式下的收益计量差异进行分析，对其他综合收益进行了概念界定和特征归纳；第三部分为 OCI 相关的基础理论，包括有效资本市场理论、信息不对称理论、决策有用观和收益决定理论，通过该部分的理论分析为后续进一步实证研究奠定理论基础。

第三部分为实证研究，包括第三章、第四章和第五章。该部分主要从投资者、债权人（银行）和证券分析师三个信息使用者视角分析了 OCI 的信息含量及其差异性。首先，第三章以盈余反应系数模型为基础进行模型的设计，基于盈余反应系数视角，通过检验 OCI 列报的市场反应来探讨 OCI 对投资者超额报酬的影响，分析其可能的内在作用机理，区分审计质量、股东关联度、高管持股比例进行分组检验，以探讨外部监督和内部治理水平对 OCI 对投资者超额报酬的影响。并按 2014 年 OCI 列报制度变革前后和机构投资者持股比例高低进行分组检验，以考察会计制度变迁和投资者认知能力在 OCI 的市场反应中的影响。此外，进一步从 OCI 与未预期盈余波动以及 OCI 与盈余持续性的关系两个方面进行了内在作用机理检验。其次，第四章基于债权人（银行）视角研究了 OCI 对银行信贷决策的影响，分别从信贷规模、贷款成本、贷款期限结构和贷款性质结构四个方面进行了实证检验。并区分高管持股比例高低、总经理与董事长是否“二职合一”和企业机构投资者持股比例高低对公司治理水平的调节作用进行了检验。同时进一步从五个方面进行了研究：（1）基于多维信息透明度的中介效应检验；（2）对 OCI 的预测能力进行检验；（3）OCI 的波动性及其波动方向对银行信贷决策的影响；（4）OCI 正负符号对银行信贷决策的影响；（5）2014 年 OCI 列报制度改革的政策效应检验。最后，第五章基于 OCI 的波动性特征视角实证分析了 OCI 对分析师盈余预测的影响，并区分公司业务复杂程度和内部控制质量进行分组检验，进一步对 OCI 的预测价值、OCI 与分析师盈余预测准确性的关系进行检验。

第四部分为研究结论，包括第六章。在归纳本书主要研究结论的基础上，分别从准则制定机构、信息使用者、企业和资本市场完善四个层面提出合理的政策建议，以期为OCI相关的准则修订、信息披露制度完善、信息使用者认知能力提升、信息披露内外部监管的加强等提供借鉴。最后，总结了本书研究可能存在的局限，思考未来进一步研究和努力的方向。

第三节 研究方法与创新

一、研究方法

（一）规范性研究

1. 文献研究法

本书首先运用文献研究法对国内外有关OCI的概念界定、OCI的价值相关性、会计信息（含OCI）与银行信贷决策研究、OCI与分析师盈余预测等相关文献进行全面梳理，对文献进行归类总结，梳理OCI信息含量研究采用的视角、方法、模型和观点，指出现有文献研究存在空缺，从中找到研究的方向和突破口，最终构成本书新的研究脉络。

2. 比较法（国际比较、文献比较）

关于OCI的相关规定，各准则制定机构多采用列举的方式散见于各具体准则之中，因此，本书对OCI的具体项目构成进行了国际比较，并通过梳理各国准则中OCI相关规定，制定了附录A、附录B和附录C，为后面OCI的内涵和特征归纳奠定基础。

3. 归纳法和演绎法

本书在OCI形成的理论推演、OCI的概念界定及其特征归纳中主要采用了归纳法和演绎法进行研究。首先，基于会计计量视角，在对OCI的形成进行理论推演的基础上，阐述了OCI的经济实质；其次，在对FASB、IASB和我国会计准则中OCI的相关规定和具体项目进行国际比较的基础上，对OCI进行了概念界定和主要特征的归纳；最后，结合本书主要研究结论和我国 OCI 披露和列报的现状，提出具有一定可行性的对策建议。这都是归纳法和演绎法的集中体现。

（二）实证研究法

本书主体研究部分（包括第三章、第四章和第五章）主要运用了实证研究法，从不同的信息使用者视角对 OCI 的信息含量进行了实证检验。综合运用描述性统计分析、多元回归分析、DID 模型、PSM 倾向得分匹配法、事件研究法、处理效应模型和稳健性检验等多种方法进行实证分析。其中，在分析 OCI 列报对投资者超额报酬的影响时，在 OCI 列报的市场反应研究中采用了短窗口事件研究法，能更纯净地反映 OCI 的信息含量。在计算累计超额报酬时还将市值因子和账面市值比因子纳入考虑范围，采用 Fama - French 三因子模型使模型更为合理，因变量数据更为准确，增强了模型解释力和研究结论的可信度。

二、研究创新

第一，本书基于不同的信息使用主体（投资者、债权人和证券分析师）视角，系统而全面地探讨了其他综合收益的信息含量及其差异性。

国内外研究中，OCI 对投资者的信息含量研究虽然较多，但尚未得出令人信服的一致结论。债权人视角的相关研究次之，但研究尚浅，存在进一步探讨的空间。证券分析师视角的相关研究寥寥无几，本书将具有信息优势并承担信息传递者角色的证券分析师纳入研究体系，将其与投资者相联系，探讨了 OCI 信息含量具有差异性的可能原因及其改进措施，增加了研究的深度，使本书系统性更强。

第二，研究视角、研究方法和研究内容具有新颖性。

首先，本书研究视角独特。其具体表现为：（1）理论分析部分，基于会计计量视角，在对 OCI 的形成进行理论推演的基础上，对 OCI 进行了概念界定和特征归纳；（2）第三章投资者视角的 OCI 信息含量研究中，基于修正的盈余反应系数模型，将 OCI、未预期盈余与累计超额报酬相结合，通过 OCI 与盈余反应系数的关系来判断 OCI 的列报对累计超额报酬的影响，这为 OCI 的信息含量研究提供了新视角；（3）第四章债权人视角的 OCI 信息含量研究中，考虑不同种类银行贷款的性质迥异，从贷款性质结构出发，将研究拓展至 OCI 对银行贷款性质结构决策的影响，这是本书最大胆的尝试之一，另外，从 2014 年会计制度变更视角构建 DID 模型进行政策效应检验；（4）第五章从 OCI 的波动性特征出发，将其与分析师盈余预测相联系进行研究，研究视角具有新颖性。其次，研究方法具有独特性。本书采用短窗口事件研究法测度年报中 OCI 的市场反应，检验 OCI 列报对投资者超额报酬的影响方式和影响程度，这在国内 OCI 信息含量研究中尚属先例。目前，计算累计超额报酬较常见的方法是采用市场模型和市场调整模型。本书加入了市值因子和账面市值比因子，采用 Fama – French 三因子模型计算出累计超额报酬，使被解释变量的数据更准确，模型解释力更强。最后，研究内容具有新颖性。在第三章中，通过对 OCI 与未预期盈余波动性、OCI 与盈余持续性两组关系的研究，对投资者视角下 OCI 列报市场反应的内在作用机理进行了检验。在第四章中，不仅从多维信息透明度的中介效应和 OCI 的预测价值两个方面对债务人视角下 OCI 信息含量的作用机理进行了检验，还探讨了 OCI 波动性及其波动方向的影响、OCI 的正负符号的影响和 2014 年 OCI 列报制度变革的政策效应，深化了 OCI 对银行信贷决策的影响研究。

第三，从理论层面对其他综合收益进行了理论推演和概念界定。

本书从净利润和综合收益两种不同的业绩衡量口径出发，对理想环境与现实环境下的会计计量模式的差异进行分析，对 OCI 的形成进行了理论推演。在对 FASB、IASB 和我国相关准则中 OCI 的主要项目进行对比分析和总结的基础上，从概念层次对 OCI 进行界定和特征归纳，以期为 OCI 的相关研究提供基本的概念约定，并为本书后续的实证研究奠定理论基础。

第一章　文献综述

国内外学者主要从 OCI 的信息质量特征、信息列示和 OCI 列报改革实施效应等方面对 OCI 进行了研究。其中，OCI 信息质量特征视角涵盖了 OCI 的价值相关性、持续性、波动性和预测能力的研究；信息列示视角涵盖了 OCI 及其具体项目的披露、重分类调整和列报位置的变更的相关研究；OCI 列报改革实施效应视角包括 OCI 列报改革对公司信息透明度、盈余管理、筹资成本和投资效率的影响等研究。鉴于本书的研究主题是基于投资者、债权人（银行）和证券分析师视角的 OCI 的信息含量研究，因此，该部分主要对 OCI 的概念界定、OCI 的价值相关性、会计信息与银行信贷决策、OCI 与分析师盈余预测等相关研究进行梳理。

第一节　其他综合收益的概念界定研究综述

IASB 和各国准则制定机构对 OCI 的关注引发了学术界的普遍关注。目前有关 OCI 的研究大多集中于 OCI 与资本市场，以实证研究为主，但从 OCI 的内涵和特征出发，专门针对 OCI 相关理论问题的规范性研究较少。仅有很少一部分学者对 OCI 的基本概念问题进行了探讨。杨有红和陈婧（2016）指出 OCI 的定义存在缺陷，应从本质上区分净利润与 OCI，正面定义 OCI，明确其主要内容和确认标准。毛志宏等（2011）认为 OCI 是由企业与非业主之间的交易或事项形成，按会计准则规定直接计入所有者权益的已确认未实现利得或损失项目。刘永泽等（2011）在对 OCI 和综合收益进行区别的基础上，对 OCI 特征和认定标准进行了初步归纳，认为 OCI 具有非日常活动形成、与所有者投入资本或向所有者分配利润无关、会导致所有者权益增加或减少、不能在损益中确认四个特征，若属于权益性交易以外可直接计入所有者权益的利得和损失即可认定为 OCI 项目。王鑫（2013）研究了 OCI 具体项目及综合收益总额的价值相关性问题，并强调明确综合收益和 OCI 概念的重要性，但并未对 OCI 的概念进行界定。Rees 和 Shane（2012）从 OCI 报告的发展历程出发，总结了区分净利润和 OCI 的四个属性：（1）项目的持久性程度；（2）项目是否源于公司的核心业务；（3）项目是否代表管理层合理控制的净资产变动；（4）项目是否源于资产负债的重新计量。谢获宝和石佳（2015）结合 OCI 产生的背景，对 FASB 的 OCI 定义进行解读，认为 OCI：（1）与企业日常经营活动无关；（2）属于潜在的损益；（3）主要源于资本增值；（4）由企业与非所有者之间的交易产生。黄志雄（2016）探讨了 OCI 的三种概念界定途径：（1）在概念框架层面通过定义净利润的概念，再倒挤出 OCI 的内容；（2）以 OCI 的外在特征作为切入点进行归纳描述；（3）以具体准则和列报披露为基础，根据盈余信息的作用差异来区分净利润和 OCI，但并未深入探讨 OCI 的具体定义。张艳（2018）认为 OCI 是指“未在当期损益核算的各项源自当期的利得或损失”。Detzen 和 Dominic（2016）通过梳理 FASB 和 IASB 规定中直接计入所有者权益的项目，回顾了 OCI 进入财务报告体系的历程，并肯定了其实践意义。他们认为现行做法实际是在利润表中保留历史成本原则的同时将现行价值纳入资产负债表，认为 OCI 是两大报表折中并通过准则规定予以制度化的产物，但关于 OCI 的定义仍然没有明确。

各国准则制定机构和相关学者对 OCI 均采用排除法进行间接定义，将那些按照准则被排除在传统损益之外的、已确认未实现的利得和损失项目纳入其中，定义较为模糊，缺乏严谨性，且 OCI 没有一个明确的确认标准，使其可能成为那些虽符合综合收益概念，但又难以满足损益定义的项目的“垃圾桶”，容易沦为管理层操纵盈余的工具（黄世忠，2019）。尽管各国准则制定机构致力于完善 OCI 的披露和列报等细节，但如果不能从根源上解决其概念界定及确认问题，随着更多新业务的出现，OCI 在实务中造成的困惑势必会越来越多。

第二节 其他综合收益的投资者决策相关性研究综述

综合收益除了包含当期已实现损益外，还包括当期已确认的未实现利得或损失，囊括了企业所有的价值创造活动，并与业主投资、分配活动相区分。理论上讲，与净利润相比，综合收益应能提供更多信息，只有包括OCI在内的关于价值创造的所有信息予以充分地披露时，企业才能被准确定价。OCI与综合收益相伴相生，因此，近年来有关OCI是否具有价值相关性以及OCI的投资者决策相关性讨论一直是学术界普遍关注的话题。

OCI主要是由于资产负债采用公允价值计量而产生的当期未实现利得或损失，具有复杂性、波动性、暂时性等特征，未来期间一旦实现可转换为当期损益，影响企业未来期间损益，会影响公司股票价格（杨克智，2016）。目前，有关OCI的投资者决策相关性实证研究主要采用价格模型或收益模型，对OCI与股票价格（或股票收益）之间的关系进行研究。1995年，Feltham和Ohlson提出的干净盈余理论（clean surplus theory）为OCI价值相关性研究奠定了理论基础。Biddle和Choi（2006）对不同列报方式下OCI的信息含量进行了检验，认为OCI具有预测能力，且OCI分项列报的信息含量比汇总列报更高。Zoubi（2017）研究发现OCI的分项列报能提供更多解释股票回报和股票价格的信息。综合收益由不同项目构成，具体项目的价值相关性存在明显差异（Campbell，2010），大量学者在综合收益和OCI的价值相关性研究的基础上，细化研究了OCI具体构成项目的价值相关性，证实了OCI的部分构成项目具有增量价值相关性（Chambers et al.，2007；Kanagaretnam et al.，2009；Goncharov and Hodgson，2011；Jones and Smith，2011；Zoubi et al.，2017）。Kanagaretnam等（2009）还进一步研究发现，虽然可供出售金融资产中未实现的利得或损失、现金流量套期均与股价相关性强，且现金流量套期中未实现的利得和损失的回归系数符号相反。Jones和Smith（2011）对OCI总额和具体构成项目的价值相关性进行了对比研究，认为 OCI 具体构成项目的价值相关性更强。然而，也有学者得出完全相悖的结论。Dhaliwal 等（1999）对比研究了综合收益与净利润的价值相关性，研究发现除了金融公司外，没有证据表明综合收益与股票回报之间的相关性比净利润强，也没有证据表明综合收益的预测能力比净利润强，并不认为综合收益是衡量企业业绩更优的选择，认为部分 OCI 项目甚至给综合收益信息的解读带来了噪音，基本否定了 OCI 的增量信息作用。Veltri 和 Ferraro（2018）、Cahan 等（2000）分别以意大利、新西兰数据为样本进行研究，并未发现 OCI 具有增量价值相关性。Ernstberger（2008）在对净利润、综合收益与股票收益相关性的对比研究中，并未发现综合收益具有更高的价值相关性。同时，对 OCI 的具体构成项目的价值相关性进行了检验，仅发现可供出售金融资产中的未实现利得或损失具有增量信息含量，总体对 OCI 的价值相关性持否定态度。当然，持类似观点的学者不少（Liu and Thomas，2002；Ohlson，1999；Barton et al.，2010；Landsman，2011；Jahmani et al.，2017），其主要理由是 OCI 具有暂时性、波动性、未实现等特征，削弱了其信息有用性，抑制了其信息含量的释放。

在我国，OCI 的引入和相关研究较晚，且多集中于其价值相关性研究。谢获宝等（2010）研究认为净利润比综合收益总额更具价值相关性，但同时肯定了 OCI 分项列报的信息含量。部分学者也对综合收益的增量信息作用持否定态度，认为利润表中综合收益并未有效提高会计盈余信息含量（吴祖光等，2012），基本否定了 OCI 的价值相关性（唐国平和欧理平，2011；李尚荣，2012；杨有红和陈婧，2016）。杨有红和陈婧（2016）的研究并未找到 OCI 具有增量信息的证据，但认为 OCI 列报对提高盈余透明度和遏制真实盈余操纵有一定作用。当然，国内部分学者研究证实了 OCI 具有价值相关性。程小可和龚秀丽（2008）的研究为 OCI 的各具体构成项目的增量价值相关性提供了经验证据。盖地和高潮（2012）同时采用价格模型和报酬进行实证检验，虽然研究结果并未发现综合收益总额比净利润具有更高的价值相关性，但提供了 OCI 具有增量价值相关性的证据，肯定了“净利润 + OCI”列报方式的有用性。王鑫（2013）基于价格模型和收益模型进行研究，证明了综合收益比净利润更具价值相关性。同时，对 OCI 具体构成项目的价值相关性进行了研究，验证了 OCI 部分项目的信息含量。徐经长和曾雪云（2013）以可供出售金融资产公允价值变动的列报位置价值相关性研究为切入点，对 OCI 具体项目列报位置的价值相关性进行了检验，认为在净利润列报比在股东权益变动表列报更具有价值相关性。倪小雅（2020）也认为 OCI 在利润表列报对投资者决策的影响更大。部分学者同时研究了当期 OCI 和累计 OCI 的信息含量，认为累计 OCI 更具预测性和价值相关性，其价值相关性高于当期 OCI（贺宏，2014；曹越，2015）。张云和赵艳（2015）认为 OCI 与非经常性损益虽然均具有价值相关性，但非经常性损益的相关性更强，进一步发现 OCI 与非经常性损益当期发生额占比较大会降低经常性损益的价值相关性。陈淑芳和杨婧（2017）通过构建价格模型进行实证检验，肯定了 OCI 的增量价值相关性，并对 OCI 的作用机理进行了探究，认为 OCI 会影响投资者对企业的期望报酬率的判断，进而影响对企业价值的估计。近期部分学者的研究也基本以肯定 OCI 的信息含量居多（杨有红和闫珍丽，2018；王艳和谢获宝，2018；田昆儒和田雪丰，2019；苏洋，2020）。可见，国内外学者对于投资者视角下 OCI 信息含量的研究尚未得出值得信服的一致结论。

盈余反应系数可用来衡量公司股票的异常回报对会计盈余中未预期部分的反应程度，识别并解释不同会计信息的市场反应差异（程小可等，2004），是衡量盈余信息含量的重要指标（Sloan，1996）。陈晓等（1999）运用短窗口事件研究，发现盈余公告日前后，超额报酬对未预期盈余有显著反应。事件研究法运用虽广，以盈余反应系数为研究工具探讨会计盈余信息含量较为普遍，但鲜有将其运用到 OCI 的信息含量研究中。Park（2018）将 OCI 与盈余反应系数相结合，研究侧重于探讨国际财务报告准则（IFRS）变更前后 OCI 的信息含量对比，验证了正负 OCI 和 OCI 列报位置变更（由附注到表内列报）传递的信息含量差异。苏洋等（2020）运用事件研究法，研究发现 OCI 与累计超额报酬显著正相关，并进一步检验发现会计稳健性会显著降低 OCI 的信息含量表达。该研究直接将 OCI 等同于企业未预期盈余，直接检验 OCI 与累计超额报酬的关系来判断 OCI 的信息含量，且侧重于会计稳健性的中介效应检验。鉴于此，本书采用事件研究法，将 OCI 与未预期盈余、累计超额报酬相结合，基于盈余反应系数视角对 OCI 信息含量进行分析，通过检验 OCI 列报对企业未预期盈余的盈余反应系数的影响，进而判断年报中 OCI 的列报是增强还是削弱企业未预期盈余对累计超额报酬的影响程度，并探讨了会计准则变更、投资者认知能力、公司治理水平和外部监督机制等对 OCI 信息含量传递的影响。

第三节 其他综合收益的银行信贷决策相关性研究综述

一、会计信息的银行信贷决策相关性研究

会计信息是银行信贷决策的重要信息来源（Williamson，1985），银行信贷人员能运用会计信息支持信贷决策，提高信贷决策效率和产权保护（Bushman，2008）。信贷决策中财务信息存在“超载”与“缺失”并存的现象（Casy，1980）。Abde－Khalik（1973）通过问卷调查发现，信息并不是越详细越有用，财务信息若缺乏环境信息和前瞻性信息支持，其预测能力对信贷决策的影响则显得力不从心。大量学者提供了会计信息与信贷决策相关的直接证据，分别从会计信息与企业破产概率的关系（Ohlson，1980）、债务契约签订视角下限制性条款的构成（Watts and Zimmerman，1986）、银行信贷决策的债务契约特征（Bharath et al.，2006）、银行授信额度视角（Chung，1993）等方面进行研究。多集中于会计信息与信贷成本（Bharath et al.，2006）、贷款期限结构（Barclay and Smith，1995；Booth et al.，2001；Fan et al.，2003）等关系研究。制度环境对债务契约的影响也受到部分学者的关注（Booth et al.，2001；Fan et al.，2003；Firth et al.，2009）。

在我国，银行借款仍然是绝大部分企业最主要的债务筹资方式，银行是企业重要的外部信息使用者。大量文献对会计信息的银行信贷决策有用

性进行了实证检验，多数学者研究了会计信息质量，特别是盈余质量与贷款可获得性、信贷规模、贷款期限结构的关系，主要涉及会计信息与新增银行贷款（徐玉德和陈骏，2011；孙铮，2006）、新增银行长期贷款（陆正飞，2008）、债务期限结构（孙铮，2005；李健和陈传明，2013）、银行贷款成本（王俊秋和倪春晖，2012）等方面的研究。有学者结合我国特殊的制度背景，实证检验了企业所有权性质（孙铮等，2006；陆正飞，2008；何贤杰等，2008；李健和陈传明，2013；李四海等，2015）、政治关联（李健和陈传明，2013；张兴亮和夏成才，2015）、政府干预程度（孙铮等，2005）、市场化程度以及法制环境（徐玉德等，2011；余明桂和潘红波，2008）等对银行信贷的影响。

在绝大多数银行信贷决策的相关研究中，基本未区分银行贷款性质类型的差异，忽视了不同种类和贷款条件贷款的风险最终承担对象的差异性，仅有少量关注会计信息与贷款性质结构的关系。例如，刘浩等（2010）认为不同类型的贷款对信息需求存在差异，并聚焦获得银行信用贷款企业的会计信息质量特征，从可操纵性应计利润和会计稳健性两个方面实证检验了银行信用贷款与会计信息质量两者之间的关系。徐玉德和陈骏（2011）研究了信用借款与违约风险、盈余质量的关系，并按违约风险和盈余质量高低进行了分组检验，区分贷款性质结构进行了研究。但刘浩和徐玉德等人的研究均以概括的信息质量作为研究对象，未具体到某一会计信息或盈余信息对信贷决策影响。

二、其他综合收益的银行信贷决策相关性研究

目前，关于 OCI 是否具有银行信贷决策信息含量的研究，国内外研究结论尚不一致。Li（2010）统计发现，大部分的美国贷款合同仅考虑净利润信息和资产净值，很少直接将 OCI 纳入决策范围。Smith 等（2017）对 OCI 及其波动性与企业信用风险的关系进行研究发现，OCI 波动性越强，财务杠杆率越低，债务成本上升，债务契约的限制性会增加。Widiastuti 和 Safira（2018）以 2011 ~ 2016 年印度尼西亚的 495 家上市公司为样本，通

过对净利润、OCl、综合收益对公司债券评级的影响检验三者的信用价值相关性，从债权人视角研究了会计盈余的信息含量。该研究肯定了净利润和综合收益的信用价值相关性，但对 OCI 的信用价值相关性持否定态度，并对 OCI 不具有信用价值相关性做出了三种可能的解释：（1）OCI 在综合收益中占比太小使其决策价值下降；（2）OCI 持续性较弱；（3）OCI 仍是很多企业进行盈余管理的工具。在我国，石岩和卢相君（2014）研究了 OCI 对债权人决策的增量价值相关性，通过验证 OCI 对坏消息确认的及时性肯定了 OCI 对债权人决策的相关性，但未聚焦银行信贷决策进行研究。欧阳爱平和郑超（2014）以 2009 年 OCI 列报制度改革后的三年数据为样本，对比研究了综合收益与净利润在信贷决策有用性强弱，发现 OCI 具有增量信贷决策有用性，但由于研究期间较短，未涉及政策效应的检验，缺乏更深层次的进一步研究。谢获宝和郭方醇（2014）基于银行信贷规模视角探讨了综合收益对银行债务契约的信息含量，研究结果表明，OCI 对银行信贷规模的确定没有显著增量信息。何亦辰（2015）区分产权性质的异质性对综合收益的债务契约有用性从贷款规模、贷款期限结构和贷款利率三个方面进行实证检验发现综合收益具有信贷决策有用性。吴晓智（2018）认为 OCI 在银行贷款期限结构决策中具有信息含量。研究发现，在短期借款决策中当期 OCI 比累计 OCI 更加具有决策有用性，在长期借款决策中累计 OCI 比当期 OCI 更加具有决策有用性。王心怡（2019）聚焦研究了 OCI、OCI 的具体构成项目以及 OCI 的波动性在信贷契约中的信息含量，对其内在作用机理做了初步检验，并对 OCI 波动性与企业信用风险的关系进行了检验。

回顾国内外 OCI 信贷决策的相关文献，我们发现：

第一，少量研究关注了会计信息与贷款性质结构的关系（刘浩等，2010；徐玉德和陈骏，2011），但均以概括的信息质量作为研究对象，未具体到某一会计信息或盈余信息对信贷决策影响，缺乏 OCI、银行信用贷款和贷款性质结构方面的细化研究。

第二，部分学者虽研究了 OCI 对债权人决策的增量价值相关性（Widi-astuti and Safira，2018；石岩和卢相君，2014），但未聚焦银行信贷决策进行研究。

第三，现有少量将综合收益（包括 OCI）和银行信贷相结合的研究尚浅，且研究结论不一致。（1）绝大部分研究仅涉及贷款期限结构（欧阳爱平和郑超，2014；吴晓智，2018）、贷款利率（何亦辰，2015）或信贷规模（谢获宝和郭方醇，2014）等方面的探讨，未对信用贷款和担保贷款进行区分。换言之，目前基本未有关 OCI 与贷款性质结构的相关研究；（2）部分研究基于 2014 年以前上市公司样本，且研究期间较短，未涉及 OCI 列报变更的政策效应检验；（3）现有基于我国制度背景的研究中，对 OCI 影响信贷决策的作用机理少有涉猎，研究深度有待挖掘。

因此，OCI 在我国银行信贷决策中是否具有相关性，仍需要系统、全面、深入地研究，特别是 OCI 对银行贷款性质结构决策的影响，值得进行研究。

第四节　其他综合收益的分析师盈余预测相关性研究综述

会计信息特别是盈余信息是分析师盈余预测的重要信息来源。OCI 作为当期已确认但未实现的利得和损失，虽然被排除在净利润之外，不属于当期损益，但未来一旦实现即可转化为未来某一期间的损益。换言之，OCI 代表企业未来创造盈余的潜力和可能。因此，OCI 理应成为分析师盈余预测的重要考虑因素。已有文献中，部分学者关注了分析师视角下 OCI 的信息含量。Hirst 和 Hopkins（1998）基于证券分析师视角对 OCI 列报位置进行研究发现，OCI 在利润表中披露时更有利于分析师识别可能的利润操纵，间接肯定了 OCI 列报对分析师盈余预测的作用。黄志雄（2016）基于 2010～2014 年上市公司数据，就 OCI 对分析师盈余预测的影响进行检验分析，证明了 OCI 信息披露对分析师盈余预测准确性有显著影响，能降低分析师盈余预测成本，OCI 具有决策价值。肖虹和李少轩（2017）从信息环境和分析师认知能力的视角研究发现，OCI 能提高分析师盈余预测准确度，降低分析师盈余预测分歧度，肯定了信息环境改善和信息使用者认知能力提升在 OCI 信息传递中的积极作用。杨有红和闫珍丽（2018）对 OCI 与盈余透明度关系进行研究发现，OCI 列报能降低分析师预测分歧度、提高盈余预测准确性和股价同步性，且该作用在 2014 年新准则之后更显著。但是文中主要解释变量其他综合收益是以 OCI 披露的绝对值加 1 的基础上取自然对数来衡量的，将其与分析师预测分歧和预测准确性建立模型，模型构建似乎稍欠合理性，且未涉及 OCI 波动性特征的研究。张昊晨（2018）的研究也对分析师视角下 OCI 信息披露的积极作用和效果进行了检验。可见，在已有分析师视角下 OCI 的信息含量文献中，缺乏 OCI 波动性特征的相关研究。

部分学者关注了 OCI 的波动性特征，但基于投资者视角的研究居多。例如，Maines 和 McDaniel（2000）从非专业投资者视角分析了综合收益的披露是否影响其对 OCI 具体项目中可供出售金融资产未实现利得或损失的波动性评估。并区分投资者对利得和损失的识别能力、OCI 列报位置的影响等进行了研究。Khan 和 Bradbury（2016）以 2003～2010 年新西兰非金融上市公司为样本，对综合收益的波动性和风险相关性进行研究，以检验综合收益的波动性是否给财务报表使用者带来干扰。研究发现，综合收益的波动性比净利润大，但综合收益的增量波动性与市场风险无关，且该增量波动性并不影响净利润的定价。曾雪云等（2016）选取了 40 家金融业上市公司 2007～2015 年的数据，对综合收益、OCI 及其风险相关性进行检验发现，虽然综合收益波动性比净利润大，但综合收益和 OCI 不能作为风险定价因子。这说明综合收益对风险信息的反映比较充分，但可能受投资者认知能力、OCI 的信息可靠性和信息透明度等影响，OCI 不具有风险相关性。李梓（2019）基于 OCI 的波动性特征，区分了金融行业和非金融行业对 OCI 的风险相关性进行了研究。此外，仍有部分学者关注 OCI 波动性特征并展开研究（Lee，2006；Bloomfield et al.，2006；Hodder et al.，2006），但这些研究仅基于投资者视角研究了 OCI 的波动性特征对股价或股票收益的影响。当然，也有部分关注 OCI 波动性与债权人决策的研究。Smith 等（2017）对 OCI 及其波动性与企业信用风险的关系进行研究发现，OCI 波动性越强，财务杠杆率越低，债务成本上升，债务契约的限制性会增加。王心怡（2019）聚焦研究了 OCI 及其波动在信贷契约中的信息含量，并对 OCI 波动性与企业信用风险的关系进行了实证检验。OCI 波动与公允价值计量息息相关，且对业绩波动造成直接影响，部分学者对业绩波动（曾雪云和陆正飞，2016）和公允价值波动（谭洪涛等，2011；吕兆德和宿增睿，2016；肖洁，2015）进行了研究，但仍缺乏证券分析师视角下基于 OCI 波动性特征的研究。

作为资本市场的重要参与者和信息沟通的桥梁，证券分析师不定期发布的分析师盈余预测作为分析师最重要的产出之一也引起了学术界的普遍关注。已有文献多侧重于分析师盈余预测的准确性（Dhaliwal et al.，2012；Gu et al.，2013；王雄元等，2017；杨楠和洪剑峭，2019；赵刚等，2019；钟凯等，2020）、及时性（Shroff et al.，2014）、盈余预测分歧度（杨有红和闫珍丽，2018）和分析师盈余预测修正行为（陈胜蓝和李占婷，2017）以及市场反应研究。部分学者甚至在研究分析师盈余预测准确性的影响因素时，进一步区分了预测乐观偏差和悲观偏差（Hong and Kacperczyk，2010；褚剑等，2019；王成龙和冉明东，2019），并对造成这一结果的潜在影响机制作了深层次的探讨。迄今为止，国内外学者从公司特征（陈胜蓝和李占婷，2017）、分析师（杨楠和洪剑峭，2019）及其所在券商的特性、信息质量与类型（Dhaliwal et al.，2012；王雄元等，2017；杨有红和闫珍丽，2018）、信息环境（陈胜蓝和李占婷，2017；赵刚等，2019）、情感文本语调（钟凯等，2020）等方面对分析师盈余预测影响因素进行了较充分的研究，但基于会计信息作用层面对分析师预测影响的细化研究相对较少。

综上所述，对分析师盈余预测影响因素方面，国内外学者进行了较充分的研究，但基于会计信息对分析师盈余预测作用层面的研究较少。虽然 OCI 与分析师盈余预测的研究已有涉及，但均未结合 OCI 的波动性特征进行探讨。部分涉及 OCI 波动性的信息含量研究多以投资者视角进行风险相关性分析。OCI 的低持续性、不确定性、复杂性等特征均与公允价值计量密切相关，集中体现为 OCI 的波动性特征。OCI 的波动性特征不仅与企业盈余管理行为相关，而且可以释放企业可能面临的潜在风险信息。OCI 的波动性作用具有两面性，容易给信息解读带来困扰，而分析师作为专业的信息使用者，是否能透过 OCI 的波动看到其预测价值，是一个值得关注的话题。因此，本书以 OCI 的波动性特点作为切入点，从会计信息层面研究 OCI 信息对分析师盈余预测的影响。

本章小结

回顾国内外相关研究发现，以 OCI 对投资者的决策有用性和信息含量研究居多（Easton and Zhang，2017；Stefania and Olga，2018；Park，2018；Wang et al.，2019；Cao and Dong，2020；杨有红和闫珍丽，2018；王艳和谢获宝，2018；田昆儒和田雪丰，2019；李梓，2019；苏洋等，2020），但对 OCI 与债权人决策的关注相对较少（欧阳爱平和郑超，2014；Bao et al.，2020），OCI 与分析师盈余预测关系的研究寥寥无几。通过梳理国内外文献，本书基于投资者、债权人和证券分析师视角对 OCI 的信息含量进行研究，本书可研究的点如下。

其一，各国准则制定机构和相关学者对 OCI 均采用排除法进行间接定义，OCI 的定义模糊，缺乏严谨性，且没有一个明确的确认标准。

其二，基于投资者视角的 OCI 价值相关性研究虽然较多，但目前尚无定论，值得进一步结合我国特殊的制度背景以新的视角进行深入探讨。事件研究法运用虽广，以盈余反应系数为研究工具的相关研究中也较为普遍。然而，现有 OCI 市场反应的研究中，部分缺乏我国制度背景下的探讨或者直接将当期的 OCI 视为企业的超额盈余，通过检验 OCI 对累计超额报酬的直接影响程度及其方向来判断 OCI 的信息含量大小。国内尚未有将 OCI 与未预期盈余、累计超额报酬结合，从盈余反应系数视角分析检验 OCI 列报对投资者增量信息的释放及其市场反应的相关研究。

其三，研究会计信息的信贷决策有用性的较多，将 OCI 与银行信贷决策结合的研究相对较少。在少量的债权人视角下 OCI 信息含量研究中，多数研究 OCI 对信贷规模、贷款期限和贷款利率方面的影响，且基本未涉及

OCI 列报变更的政策效应检验和作用机理检验，研究尚浅，且研究结论不一致。相关研究均未对信用贷款和担保贷款进行区分，缺乏 OCI 与银行贷款性质结构决策的相关研究。换言之，OCI 与银行信贷决策的研究深度值得进一步挖掘和拓展，特别是 OCI 与贷款性质结构方面的相关研究是值得探讨的领域。

其四，迄今为止，对分析师盈余预测影响因素研究较充分，但对会计信息与分析师盈余预测的关系关注度较低。虽然 OCI 对分析师盈余预测影响的相关研究已有涉及，但均未结合 OCI 的波动性特征进行探讨。少量涉及 OCI 波动性的信息含量研究仅基于投资者视角研究了 OCI 的波动性特征对股价或股票收益的影响，未有基于分析师视角的研究。目前，国内没有基于 OCI 波动性特征，将 OCI 与分析师盈余预测相联系的相关研究。

因此，本书预期做出以下尝试：

其一，基于会计计量视角，从净利润和综合收益两种不同的业绩衡量口径出发，通过对理想环境下的现行价值计量和现实状况下的混合计量模式对收益确认和计量的差异进行分析，对 OCI 的概念进行界定，并明确其主要特征，以期为 OCI 的理论研究提供一定的借鉴，并为本书的实证研究奠定理论基础。

其二，将 OCI、未预期盈余与累计超额报酬相结合，从盈余反应系数视角进行 OCI 列报的市场反应分析，以验证 OCI 列报对投资者超额报酬的影响。即通过分析 OCI 与盈余反应系数的关系，检验 OCI 列报对企业未预期盈余的盈余反应系数的影响，进而判断年报中 OCI 的列报是增强还是削弱企业未预期盈余对累计超额报酬的影响程度。通过对 OCI 与未预期盈余波动性、OCI 与盈余持续性两组关系的进一步研究，对 OCI 市场反应的内在作用机理进行分析和检验。

其三，在已有 OCI 与信贷规模、贷款利率、贷款期限结构的相关研究基础上，一方面增加已有研究中 OCI 与信贷规模、贷款利率、贷款期限结构的研究深度；另一方面，尝试 OCI 对贷款性质结构决策影响的相关研究，增加研究的广度。债权人视角下 OCI 信息含量研究部分期望做出以下努力：首先，适当扩大研究涵盖的时间范围，进一步结合 2014 年 OCI 列报制度变革的背景，检验 OCI 列报带来的政策效应；其次，增加 OCI 的预测能力检验、OCI 的波动性及其波动方向的影响和 OCI 正负符号的影响研究；最后，以信用贷款作为切入点，实证分析 OCI 对贷款性质结构（信用贷款比例）的影响，结合 2014 年 OCI 列报制度变革的背景，建立 DID 模型检验其政策效应，进一步对 OCI 的贷款性质结构（信用贷款比例）的作用机理进行分析检验。

其四，从 OCI 的波动性特征出发，实证检验 OCI 的波动对分析师盈余预测的影响，为证券分析师视角下 OCI 的信息含量提供经验证据，并进一步检验 OCI 的预测能力，找到 OCI 波动性与分析师盈余预测可能的影响路径。

第二章　其他综合收益的相关理论

第一节　其他综合收益的制度背景

一、其他综合收益在美国会计准则中的演进

OCI 概念源于美国，是在利得、损失和综合收益相关概念的基础上产生的。1957 年，美国会计学会概念和标准委员会在《公司财务报表的会计和报告标准》中强调企业应对资产的持有利得进行列报和对不同性质的收益（已实现和未实现收益）进行区分，这体现了对收益未实现部分的重视。

1980 年 12 月，美国财务会计准则委员会（FASB）在《财务会计概念公告第 3 号——企业财务报表的要素》（SFAC No. 3）中首次提出综合收益（Comprehensive Income）的概念，将其定义为“在报告期内，由企业与所有者以外的交易或事项，及其他情形所产生的净资产变动”，并纳入财务报表要素体系。其认为综合收益包含了部分盈余以外的利得和损失，即包括收入和费用、利得与损失两大部分内容，但未能明确地对这两部分内容进行区分。

1984 年 12 月，FASB 颁布的《财务会计概念公告第 5 号——企业财务报表的确认与计量》（SFAC No. 5）指出应在财务报告中对综合收益及其组成部分进行披露。随后发布的 6 号概念公告将综合收益的披露主体拓展至非营利组织。

1997 年 6 月，FASB 颁布的《财务会计准则公告第 130 号——报告综合收益》（SFAS No. 130）正式从准则层面将综合收益划分为净利润和 OCI 两大类，认为 OCI 是“在公认会计原则下包括在综合收益中但不包括在净

利润中的收入、费用、利得和损失”，并明确了综合收益及其组成部分信息披露和列报要求，并规定了OCI的三种可供选择的列报方式：（1）将OCI在原收益表中列报，即在原收益表中同时列报净损益和其他综合收益，该表上半部分净损益及其组成项目的列报内容不变，在下方增加列报OCI及其具体项目；（2）在新增的综合收益表中反映，即在传统收益表之外，新增综合收益表作为第四张财务报表对OCI进行列报；（3）单独在所有者权益变动表中反映累计OCI的金额。

FASB于1997年颁布的SFAS No.130给予企业较大的OCI列报选择权。然而，在具有OCI列报选择权的美国，绝大部分上市公司会选择在所有者权益变动表中对综合收益（包括OCI）进行报告，并未如准则制定机构所偏好的那样在业绩表中对综合收益（包括OCI）进行列报。随后，在各利益集团博弈下，FASB在2011年5月发布的《第5号会计准则更新——综合收益（主题220）：综合收益列报》（ASU No.2011－05）取消了OCI在所有者权益变动表列报的选择权，强制要求OCI在收益表（或综合收益表）中进行列报。即企业可选择将净利润和OCI在一张连续的报表中或者在两张独立的报表中进行列报。2013年2月FASB发布了《会计准则更新（ASU）——综合收益（主题220）：累计其他综合收益重分类的列报》（ASU No.2013－02），规定全部进行重分类的利得或损失在利润表或报表附注中进行列示，而部分重分类的未实现利得或损失应先转至资产负债表项目。

2017年11月，FASB将主题225号损益表与主题220号综合收益进行整合，发布《会计准则汇编（议题220）——损益表：报告综合收益》，凸显了综合收益的重要性，也是提高OCI列报规范性的重要举措。

二、其他综合收益在国际财务报告准则中的演进

国际会计准则制定机构也一直致力于OCI的修订与完善。1997年8月，国际会计准则委员会（International Accounting Standards Committee，IASC）修订发布了《国际会计准则第1号——财务报表的列报》（IAS1），

规定所有已确认的利得或损失均应进行列报，对综合收益及其组成部分的信息披露做出要求，并规定了 OCI 两种可供选择的列报方式：（1）单独在所有者权益变动表中反映；（2）在“已确认利得和损失表”（相当于我国的利润表）中列报。IASC 对 OCI 列报的建议处理方式与同期美国 FASB 发布的 SFAS No. 130 基本类似，也给予了企业列报 OCI 的选择权，但是仅提供了两种列报选择权。

2003 年 12 月，IASB 再次对 IAS1 进行了修订，对综合收益报告各组成部分的划分标准进行了规定，并主张统一格式对综合收益进行报告。

IASB 于 2007 年 9 月又一次对 IAS1 进行了修订，通过本次修订正式引入“综合收益”概念，并对综合收益及其构成，特别是对 OCI 的具体内容进行了规定。修订要求企业对 OCI 的重分类调整应分项目在综合收益表或财务报表附注中予以披露。

2011 年 6 月，IASB 发布了修订后的《国际会计准则第 1 号——财务报表列报（其他综合收益项目的列报）》，要求对 OCI 分两类进行列报[①]，并将 OCI 定义为“依据国际财务报告准则不能在当期损益中确认的收入和费用”。同时，从准则层面对损益和 OCI 进行了区分，认为损益不应包括 OCI 及其组成部分的内容，并规定了 OCI 重分类调整的两种列报选择权，即可选择综合收益表或财务报表附注两种方式披露。

随后，2013 年 7 月发布的讨论稿《财务报告概念框架的复核》第八部分强调“损益应包括所有基于历史成本计量的结果和大多数已实现的利得和损失，而主要源于重新计量中未实现的利得和损失项目应计入其他综合收益。”该讨论稿涉及概念层次 OCI 的内涵、分类方式及重分类等内容，为 OCI 的概念界定和实际应用提供指导。

三、其他综合收益在中国会计准则中的演进

OCI 在国际上得到广泛应用，并逐步引入我国。财政部 2006 年发布的

① 本次修订将 OCI 划分为“满足特定条件时后续将重分类计入损益的项目”和“以后期间不能重分类计入损益的项目”两大类进行列报。

《企业会计准则》虽未规定综合收益及 OCI 的具体确认和列报，与 OCI 相关的业务通过“资本公积”科目进行核算，且《企业会计准则第 30 号——财务报表列报》（财会〔2006〕3 号）要求在所有者权益变动表中列报“直接计入所有者权益的利得和损失项目及其总额”，但增加了利得与损失的概念，体现了全面收益理念。

2009 年，财政部发布了《企业会计准则解释第 3 号》（财会〔2009〕8 号，简称“解释第 3 号（2009）”），首次在我国强制性规定了综合收益和 OCI 的列报及其披露。要求在利润表中“每股收益”项目下增列“其他综合收益”项目和“综合收益总额”项目，并强制要求在附注中详细披露 OCI 的具体项目、所得税影响及 OCI 转入当期损益的金额等信息。

随后，《财政部关于执行会计准则的上市公司和非上市企业做好 2009 年年报工作的通知》（财会〔2009〕16 号）要求在所有者权益变动表中删除“直接计入所有者权益的利得和损失”项目及所有明细项目，增加“其他综合收益”项目，并进一步明确了 OCI 在附注中的列报和披露要求。

2014 年财政部修订下发的《企业会计准则第 30 号——财务报表列报》（财会〔2014〕7 号，简称 CAS 30（2014）），从会计制度层面对 OCI 进行了第二次重大改革。CAS 30（2014）对 OCI 定义及列报、披露要求进行了较大幅度的修订和完善，具体体现在：其一，准则第 33 条对 OCI 定义进行了完善。其二，进一步明确和规范了其列报要求。一方面，准则规定应设置“其他综合收益”一级科目进行会计核算，并在资产负债表中所有者权益大类下增设“其他综合收益”项目，将 OCI 从资本公积中分离出来单独进行列报；另一方面，OCI 在利润表中列报位置发生变化，由在“每股收益”项目下列示调整为在“净利润”下方列示，增强了报表间逻辑性，使得报表的勾稽关系更清晰。同时规定，OCI 项目应划分为“以后会计期间不能重分类进损益的其他综合收益项目”和“以后会计期间在满足规定条件时将重分类进损益的其他综合收益项目”两类列报，且 OCI 各项目单独以税后净额进行列报。其三，要求在附注中详细披露 OCI 各项目信息（包括：OCI 的期初和期末余额及其调节情况、OCI 转入当期损益的金额、OCI 各项目的所得税影响等）。

随着经济的发展和新业务的出现，各准则制定机构与时俱进，积极探索更优的业绩衡量方法和收益列报模式。我国吸收国际先进的经验，并结合我国经济发展实际和特殊的制度背景，强制要求在利润表中采用“净利润+OCI”的方式对OCI进行分项分类列报，这是收入费用观向资产负债观过渡的产物。除此以外，我国有关OCI的具体规定散见于各具体会计准则之中，并逐步完善和发展[①]。

四、现行准则下其他综合收益列报的国际比较

通过回顾OCI在中国、美国和国际准则中的历史演进可以看出，近年来，各准则制定机构一直在与各利益主体博弈中致力于改进OCI的列报，期望能从信息环境改善角度提高信息供给的质量，以更好地满足信息使用者的多元信息需求，进而提升OCI在内的盈余信息含量。

从我国OCI的准则规定来看，无论是OCI从“资本公积”分离出来单独以“其他综合收益”一级科目核算要求的变化，还是从利润表总额列报到利润表中分类别分项目单独列报（即OCI具体项目由表外披露到表内分类分项目列报），均充分体现了准则制定机构对OCI的重视程度日益增强。通过各国OCI准则规定的对比可知，我国有关OCI列报和披露的相关准则规定基本实现国际趋同，但也有其特殊性。其最大的特殊性在于未给予OCI列报的选择权，强制性要求企业在利润表中单独分项分类列示。在利润表的“净利润”下方列示，在保留原有利润表基本信息的前提下突出了OCI的重要性，同时，OCI的单独分项分类列报，使OCI相关会计信息更详细和透明，有利于提升盈余信息透明度，使信息使用者从关注企业净利润过渡到关注企业净资产，是收入费用观向资产负债观转变的一项重大会

---

① 2014年3月底，财政部发布《企业会计准则第9号——职工薪酬》的修订稿，进一步要求将职工福利计划中设定收益计划所形成的精算利得和损失计入其他综合收益中。同年发布的《企业会计准则第2号——长期股权投资》以及2017年发布的《企业会计准则第24号——套期会计》《企业会计准则第22号——金融工具确认和计量》等具体会计准则，均对相关业务中涉及其他综合收益的具体核算进行了规定。

计改革（杨有红和陈婧，2016）。新准则下 OCI 的列报及披露要求，提高了信息透明度，降低了信息获取成本，使报表使用者可以更全面地了解企业的真实业绩情况，这是总括收益观的具体应用和体现。

随着 OCI 在我国的广泛应用，其列报准则几经变更，对于 OCI 是否具有信息含量，存在两种完全相斥的观点：一种观点认为，新准则中，OCI 的列报使利润表中不仅包括当期已实现损益，还包括当期未实现未来可能实现的潜在利得和损失，特别是我国 2014 年准则变更后，且列报位置由“每股收益”调整为“净利润”项目下方，使得报表勾稽关系更清晰，并同时要求在利润表中单独分项分类列报，在资产负债表和所有者权益表中总额列报，在附注中对 OCI 具体项目增减变化做详尽披露，降低了信息搜寻成本，使会计信息更完整、透明，相关性更强（李梓，2019），有助于提升会计信息含量。OCI 主要以公允价值计量，公允价值不仅反映了当前经济状况，而且反映了最新的预期，相对历史成本而言更具决策相关性（Barth，2014）。另一种观点认为，OCI 中公允价值的变化主要由短期市场波动驱动，受通货膨胀、经济波动等宏观经济变量的影响，是短暂的，与对未来结果的预期变化几乎没有关系（Chisnall，2001）。OCI 具有未实现性、波动性和暂时性特征，将不确定性的利得和损失在利润表中列报，使收益数据可靠性下降，导致更多的信息噪音，进而误导信息使用者。

从理论上讲，一方面，OCI 虽然具有未实现性，但 OCI 代表企业未来创造盈余的潜力和可能，未来一旦实现可转化为当期损益，OCI 提供了除净利润之外反映公司长期业绩的信息（杨有红和闫珍丽，2018；Maines and Mcdaniel，2000）。OCI 虽然具有波动性，但也通过 OCI 的如实列报传递企业面临的风险信息，从这一侧面而言，OCI 的波动性也可能具有信息含量。另一方面，OCI 未来一旦实现可转化为当期损益，且持续性较弱，就可能导致信息使用者对企业未来盈余及其持续性的保守估计。因而，以上正负两方面影响使 OCI 是否具有信息含量的问题变得复杂和不确定，目前学术界尚未取得一致结论，值得进一步研究。本书将从不同的会计信息使用者（投资者、债权人和证券分析师）视角，检验 OCI 的信息含量，分析其内在可能的作用机理，结合研究结论提出相关政策建议。

第二节　其他综合收益的概念界定

一、经济收益与会计收益

什么是收益？经济界和会计界有着不同的理解。收益的概念起源于经济学，古典经济学家亚当·斯密（Adam Smith）在其经典代表作《国富论》中将收益定义为“财富的增加”“那部分不侵蚀资本的可予消费的数额[①]”。1890年，另一位古典经济学家马歇尔（Alfred Marshall）提出区分实体资本和增值收益的思想，认为收益是实体资本所形成的增值额[②]。20世纪初，欧文·费雪（Irving Fisher）也强调资本和收益的区分，认为资本是某一时点上的财富存量，收益则是某一时期内的财富流量[③]，并认为经济学的收益包括精神收益、真实收益和货币收益三种不同形态的收益。希克斯（J. R. Hicks）在1946年出版的《价值与资本》一书中对经济收益作了较为完整的阐述，提出收益是“一个人在某一时期可能消费的最大金额，并且他在期末的状况保持与期初一样好[④]”。希克斯这一定义虽然是针对个人收益而言，但对企业也同样适用，可以把企业收益理解为期末资本和期初资本的差额，当然这个差额不包括投资人新追加的资本投入和对投资人的利润分配。

在会计学上，收益通常被认为是一定期间内企业实现的收入减去相关成本费用后的差额。例如，美国著名会计学家W. A. 佩顿和A. C. 利特尔顿认为会计主要是作为计算剩余（即收入和成本差额）的一种方法而存在[⑤]；葛

---

① 亚当·斯密，唐日松等译．国富论．华夏出版社，2005：68－77.

② 阿弗里德·马歇尔，廉运杰译．经济学原理．华夏出版社，2005：472－480.

③ Thorstein B. Veblen. 1908. Fisher's Capital and Income. Political Science Quarterly, volume 23. http://socserv2. socsci. mcmaster. ca/~econ/ugcm/3ll3/veblen/vebfish2. htm, 2005－12－14.

④ ［英］J. R. 希克斯，薛蕃康译．价值与资本．北京：商务印书馆，1982：160－170.

⑤ W. A. 佩顿，A. C. 利特尔顿著，厦门大学会计系翻译组译．公司会计准则导论［M］．中国财政经济出版社，2004：18.

家澍等认为会计学收益取决于期间收入和费用的正确配比①。根据会计上的收益实现原则，会计收益不仅包括已实现的经营收益，也包括已实现的非经营利得和损失。因此，会计收益的确认和计量实际上就是收入与费用、利得与损失的确认和计量，会计人员通过对本期交易和事项的分析及判断，遵循一系列的会计假设和会计原则，如持续经营、会计分期、稳健性、权责发生制等，确认和计量本期已实现的收入及相应的成本费用，收入和费用配比后的差额为营业利润，营业利润加减利得和损失后，即为本期净利润。

从理论基础看，综合收益是对经济利益的反映，OCI 是经济利益和传统会计收益的差额，即未实现收益部分（黄晓韡，2015）。OCI 是会计收益与经济收益博弈的结果（石岩，2014），体现了会计收益向经济收益的回归（邹燕，2015），特别是近年来商业模式不断创新，新的投融资方式和金融工具层出不穷，公允价值广泛使用，大量“未实现”收益产生，其他综合收益应运而生，会计收益概念慢慢趋近经济收益。

二、会计计量视角下的其他综合收益

（一）会计计量模式选择的影响因素

会计作为一个信息系统，其核心职能是会计计量。在对收益进行计量时，必须面临计量模式的选择问题。会计计量模式的选择是各种要素错综影响的结果，可从理论和现实两个不同侧面加以考察（葛家澍等，1998）。

从理论上看，会计计量模式的选择受一定财务报告目标的驱动。不同财务报告目标对计量属性有不同的偏好。受托责任观倾向于事实性基础，即尽可能客观、公正地反映计量对象的真实状况，而决策有用观则更倾向于目的性基础，即对信息使用者即将做出的决策有用（葛家澍等，1998）。目前，财务报告目标越来越侧重决策有用观，报表使用者对会计信息相关性要求较高，现行价值计量迎合了这一目标的转变。

然而，会计计量模式的选择，除了受理论因素的影响外，还受经济环

① 葛家澍，林志军．现代西方会计理论［M］．厦门大学出版社，2002：246.

境、经济利益、政治关系、技术可行性、成本约束和限制等多种现实因素的制约。首先，从经济环境来看，自20世纪70年代以来，会计主体所处经济环境发生了巨大变化。面对物价波动、汇率浮动造成的币值不稳、金融工具加速创新、新型保险产品的涌现等经济发展新形势，历史成本计量的弊端日益凸显，越来越多的资产负债需要以公允价值或者现值计量才更具合理性。收益的内涵也发生着变化，从收入费用观下的净利润逐步引入大量与现行价值计量密切相关，具有波动性、暂时性、未实现等特征的利得和损失，逐渐形成与总括收益观、实物资本保全相一致的收益理念。其次，从经济利益角度看，会计信息代表着一定的经济利益关系，其披露具有经济后果，会直接或间接影响各利益集团的切身利益。各利益集团会通过各种途径对准则制定或修改施加影响，对会计信息质量的要求、会计计量方法和模式的选择都是各利益主体协调的结果。就会计信息质量的要求而言，目前相关性和可靠性（如实表达）是最基本的会计信息质量要求，随着财务报告目标越来越侧重决策有用观，财务报告使用者对会计信息相关性呼声逐渐加强，公允价值和现值计量更符合相关性要求。再次，从技术可行性层面看，目前用现行价值计量全部资产和负债在技术上仍不具备可行性。最后，从成本效益原则来看，受成本约束和限制，历史成本信息相对容易获得，部分资产负债以现行价值计量即使在技术上可行但代价相对较高，不符合成本效益原则。

简言之，由于理想状态所需条件不完全具备，不能使用现行价值计量所有资产和负债，综合考虑理论和现实中多种因素的影响，在会计计量模式上不得不引入混合计量模式。

（二）其他综合收益的形成

在理想状态下①，企业应采用纯粹的现行价值会计（Current value accounting），所有的资产和负债均以现行价值计量②。收益决定是不需要

① 理想状态的基本假设包括：第一，公司未来现金流量及其概率是已知的；第二，完全市场；第三，公平有效的市场运行机制；第四，信息完全，即不存在信息不对称；第五，经济体制中的利率是众所周知且确定的。

② 现行价值包括公允价值（fair value）和现值（Value－in－use）。

的，企业无须单独编制利润表，期初净资产乘以折现率计算出来的折现增值即为净利润，资产负债表包含所有相关信息。利润表是多余的，不具有任何信息含量（Scott，2017）。此时，会计计量不存在错配问题，净利润与综合收益相等，不存在 OCI。

现实环境中，由于种种限制无法用现行价值计量企业全部的资产和负债，不得不采取历史成本与现行价值混合的计量模式。先看利润表项目的计量，营业收入按商品销售时的现行价值计量，而成本费用则是相关资产取得时的历史成本按权责发生制进行摊销来计量的。那么，计算净利润所使用的营业收入和成本费用在计量上就会存在逻辑错配①。资产负债表项目的计量实质也是一种混合计量模式，大部分资产、负债以历史成本计量，少部分资产、负债用现行价值计量，这与决策有用观的财务报告目标所要求的现行价值计量是不匹配的。

现实环境中，现行会计的混合计量模式将企业收益分割为两部分：一是企业当期已实现的损益；二是企业当期已确认但未实现的 OCI，主要反映会计计量上的逻辑错配。若会计环境处于理想状态，资产负债全部以现行价值计量，此时通过净资产变动倒推出来的收益与现实非理想状态下采用混合计量属性计算出来的已实现损益则不相等，这主要是由于业绩决定过程中会计计量上的错配导致，两者的差额就是理论上的 OCI 总额。

有关 OCI 形成的逻辑推理过程，如图 2－1 所示。

2013 年 7 月，IASB 在财务报告概念框架中就 OCI 进行单独讨论，提出了三种 OCI 重分类方法。无论是过渡性项目（Bridging items）、重新计量的错配项目（Mismatched remeasurements），还是重新计量的暂时性项目（Transitory remeasurements），均涉及对现行价值和历史成本两种计量属性差异的探讨，从侧面印证了 OCI 与资产负债计量的错配有直接关系。同时，该讨论稿中提

① 会计错配，是指当企业以不同的会计确认方法和计量属性对在经济上相关的资产或负债进行确认或计量由此产生利得或损失时，可能导致的会计确认和计量上的不一致。例如，企业使用期货合同对其持有的存货价格风险进行套期，该期货合同应以公允价值计量且其变动计入当期损益。而存货如果仍以成本与可变现净值孰低计量，这样就会导致会计计量上的错配。当期货和存货价格同时上涨时，期货合约会亏损计入当期损益，而存货浮盈却不能计入当期损益，这样就会产生确认上的错配。

道："由于损益表与财务状况报表的计量基础不一致，这两种计量基础之间差额将作为一个单独的项目计入 OCI，OCI 为两种计量基础提供了一个桥梁。累计已确认的 OCI 等于两种计量基础之间的差额"。2015 年 IASB 发布的征求意见稿肯定了该观点，并进一步强调："累计计入其他综合收益的金额，等于按照财务状况报表计量基础确定的账面价值与确定损益的计量基础计算的账面价值之差"。IASB 发布的财务报告概念框架讨论稿（2013）和征求意见稿（2015）均强调了 OCI 是两种计量基础不同导致的差额，在某种程度上支持了本书提出的 OCI 源于业绩决定过程中会计计量的错配这一观点。

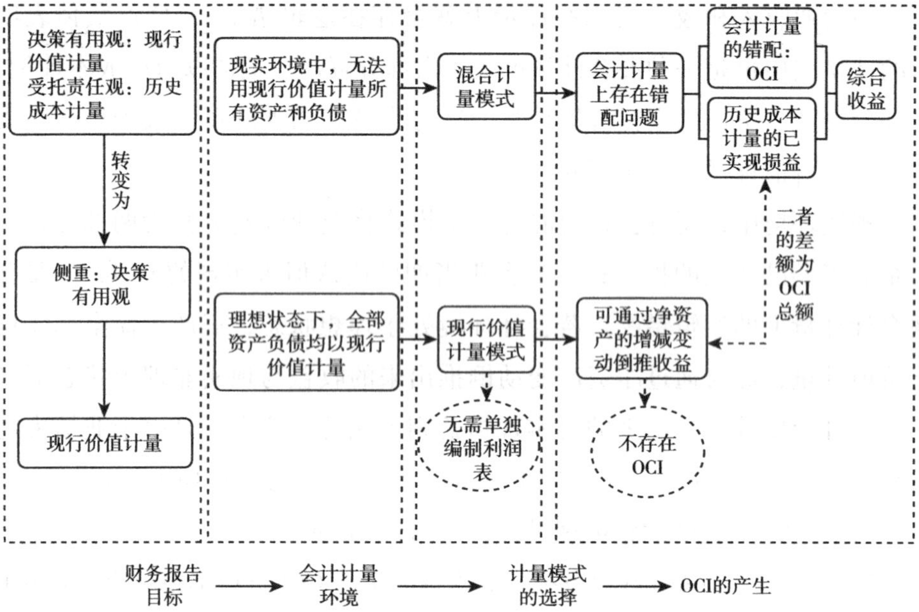

图 2－1　OCI 形成的逻辑推理

三、其他综合收益的内涵、具体构成及其特征

（一）其他综合收益的内涵

1. 其他综合收益的内涵

OCI 既是混合计量模式的必然产物，也是对业绩报告与业绩评价进行

渐进式改革的衍生产品（黄世忠，2019）。关于 OCI，IASB 将其定义为“依据国际财务报告准则不能在当期损益中确认的收入和费用。”FASB 认为 OCI 是“在公认会计原则下包括在综合收益中但不包括在净利润中的收入、费用、利得和损失。”财政部于 2014 年修订下发的《企业会计准则第 30 号——财务报表列报》将 OCI 定义为“企业根据其他会计准则规定未在当期损益中确认的各项利得和损失。”各国会计准则对 OCI 定义基本一致，且多采用排除法进行间接定义，未能反映 OCI 的本质特征。

通过概括书中 OCI 形成的逻辑推理的核心思想，并结合对 OCI 性质的理解，笔者认为：在业绩决定过程中，由于现行价值计量与混合计量属性的现实应用所导致的错配差异就是其他综合收益。在企业业绩决定过程中，理想状态下采用纯粹的现行价值会计，企业全部资产和负债均以现行价值计量，而现实环境中采用混合计量属性，因而造成了会计计量上存在逻辑错配，这种逻辑错配所导致的差额即为 OCI。因此，本书从概念层面将其他综合收益界定为：企业一定期间内源于会计计量的逻辑错配，由投资者投入资本或利润（或股利）分配以外的交易事项形成的，会导致所有者权益变化的已确认未实现且不能在当期损益中确认的各项利得或损失。

2. 其他综合收益的具体构成

关于其他综合收益的相关规定，各准则制定机构多采用列举的方式散见于各具体准则之中，除个别项目有差异以外，IASB、FASB 和我国会计准则中对计入其他综合收益的具体构成基本一致，主要有：

（1）外币报表折算差额；

（2）现金流量套期产生的利得或损失中属于有效套期部分；

（3）以公允价值计量且其变动计入其他综合收益的金融资产除减值及汇兑损益之外的未实现利得或损失；

（4）以摊余成本计量的金融资产重分类为以公允价值计量且其变动计入其他综合收益的金融资产，因该重分类导致的原账面价值与公允价值的差额；

（5）长期股权投资按权益法核算时，在被投资单位其他综合收益中所享有的份额；

（6）固定资产（包括不动产、厂房和设备）和无形资产重估盈余或损失；

（7）重新计量设定受益计划净负债或净资产所产生的变动。

本书对 FASB、IASB 和我国会计准则中 OCI 相关的规定进行了整理（详见附录 A、附录 B 和附录 C），从其他综合收益的具体构成以及各国准则中相关具体规定可以看出，OCI 的产生均与现行价值的计量有关，固定资产和无形资产价值重估盈余或损失、现金流量套期和境外经营净投资套期的利得或损失金额、重新计量设定受益计划中的精算利得和损失和计划资产回报等均涉及现行价值计量，外币报表折算采用的即期汇率实质也属于现行价值。具体而言，外币报表折算差额是企业编制合并财务报表时，由于国（境）外子公司或分支机构的报表项目采用不同的汇率折算而形成的折算差额，该折算差额实质体现了外汇汇率变动下子公司或分支机构当期公允价值变动；现金流量套期是企业对现金流量变动风险进行的套期，以期降低利率和外汇等带来的风险，均以公允价值进行核算；以公允价值计量且其变动计入其他综合收益的金融资产形成的利得或损失用以核算企业持有待售金融资产市场波动导致的公允价值增减变动情况；以权益法核算的长期股权投资在被投资单位其他综合收益中所享有的份额，反映了企业当期投资资产的公允价值变动，等等。综合以上分析，并结合各国准则相关规定可知，OCI 是现行价值与历史成本的计量差异所致，均反映了会计计量的逻辑错配，这也从实践层面验证了本书的观点。

当然，在具体理解计入 OCI 的项目各项具体规定时，可能要进一步深入挖掘和理解这一逻辑错配问题。例如，在长期股权投资项目下，OCI 按被投资者的其他综合收益中属于投资者的份额确认。由于被投资单位 OCI 的确认是源于计量过程中的错配，因而按被投资单位 OCI 中属于投资者的份额确认的 OCI 仍然与计量过程中错配息息相关，只是这一关系相对隐蔽而已。

（二）其他综合收益主要特征

吸收国内外学者已有研究成果的合理部分，并结合各国准则中计入 OCI 的项目及对应的会计规定，本书认为 OCI 具有以下三个主要特征。

1. 源于会计计量的逻辑错配

由各国会计准则中 OCI 相关规定可知，确认 OCI 的具体项目均源于会计计量的错配，大部分计入 OCI 的利得或损失与按公允价值计量的资产或负债相关。若经济状况的变化对资产和负债的影响相同，但资产和负债的账面价值并不对经济变化做出同等的反映，即资产和负债采用不同的计量基础，会计错配则会产生（彭玉龙，2005）。以寿险公司为例，在现行会计准则下，寿险公司大量资产以公允价值计量，而负债却仍以历史成本（摊余成本）计量为主，造成了混合计量模式下计量属性的不一致，产生严重的会计错配问题，由于资产负债计量基础不一致导致的差异额应在 OCI 中反应。

周桦（2014）实证检验了混合计量模式下，资产负债计量方法不同造成的会计错配对利润波动影响最大。在资产负债全部以公允价值计量时，利润波动会下降。从理论上看，虽然完全的公允价值计量是解决会计错配的根本性措施，但 OCI 的提出，暂时解决了混合计量模式下不同属性的收益列报问题，被视为公允价值会计下的产物（黄晓韡，2015）。可以说，OCI 是会计计量错配的结果，是理想状态下纯粹现行价值会计与现实环境中纯粹现行价值的不切实可行之间折中的产物。随着会计计量手段的发展，公允价值计量范围将日益扩大，会计计量错配现象将会逐渐下降，但会计计量错配在很长时间内将一直存在，因而 OCI 的引入和应用有其特殊意义。

2. 具有未实现特征

企业一定期间的绝大部分收入、费用、利得和损失均应计入当期损益中，将已实现或可实现[①]的损益计入净利润。之所以要将 OCI 从当期损益中剔除，与净利润分开确认，其重要原因是 OCI 具有未实现特征，不符合计入当期损益的经济实质。以外币报表折算差额为例，在该境外投资处置之前外币报表折算差额具有未实现的特征。另外，可供出售证券持有期间公允价值变动形成的利得或损失，仅反映了该金融资产预期可获得的当期未实现利得或损失，只有将该金融资产处置之后，才转化为处置当期真正

① 本书将 realized 译为“已实现”，指已经通过资产交换取得现金或现金收款权；realizable 译为“可实现”，指不难转换为已知金额的现金或现金收款权，还没有资产交换发生。

的损益。

3. 一般源于非核心业务，不属于日常经营活动形成的利得或损失

顾名思义，其他综合收益中的“其他”二字说明形成 OCI 的利得和损失一般与企业的日常经营活动无关，且不是企业核心业务活动导致的。因而，OCI 是企业利得或损失的范畴。外币报表折算、现金流量套期、固定资产和无形资产重估等对应计入 OCI 的项目均符合此特征。

原则上，一般应将收入、费用、利得或损失在当期损益中进行确认，除非该交易或事项由资产或负债计量过程中的错配导致，将其确认为其他综合收益能提高当期损益的相关性，能使反映企业盈余信息的不同组成部分更透明，使反映企业利用经济资源获得回报的损益信息更便于理解。

第三节　有效资本市场理论

Fama 提出的“有效市场假说”（Efficient Market Hypothesis）认为，相关的信息若能在证券价格中得到充分反映，市场就是有效的。Fama（1970）[①] 按照证券价格对信息的反映程度将有效市场分为三类：①强式有效市场（strong form efficiency）。在强式有效市场中，市场上任何时候的证券价格可以反映所有与证券有关的信息，不仅包括公众可以获得的信息，还包括公司的内部信息。②半强式有效市场（semi - strong form）。在半强式有效市场中，市场上任何时候的证券价格将充分反映所有为公众所知的与证券有关的信息。③弱式有效市场（weak form）。在弱式有效市场中，当前的证券价格已充分反映所有过去历史的证券价格信息。一般而言，研究证据往往支持半强式有效市场。现实中，证券市场并非完全有效增加了财务报告在资本市场中的重要性。作为资本市场重要的信息载体，财务报告在将内部信息外部化、提升资本市场运行效率方面发挥重要作用（见图 2 - 2）。

① Fama E F. Efficient Capital Markets: A Review of Theory and Empirical Work, Journal of Finance, 1970, 35 : 383 - 417.

在理想环境下，公司的市场价格能充分反映所有信息。此时，所有信息都是公开可获得的，不存在内部信息，证券价格等于公司根本价值。图2－2中的大圆和小圆呈完全重叠的状况，财务报告在资本市场中没有任何作用。但现实环境下，证券市场一般为半强式有效市场，市场价格会充分反映所有公众所知的信息，但公司存在未公开的内部信息，图中的大圆和小圆并未完全重叠。此时，大圆面积大于小圆面积，两者未重叠部分即为内部信息。财务报告的角色就是将内部信息转化为外部公开的信息，扩大公众信息可获取信息的数量、及时性和准确性。为了减少内部人利用其信息优势而导致的逆向选择，应在权衡收益与成本的基础上，通过财务报告对企业财务状况、经营成果及现金流量等情况进行及时、充分的披露。

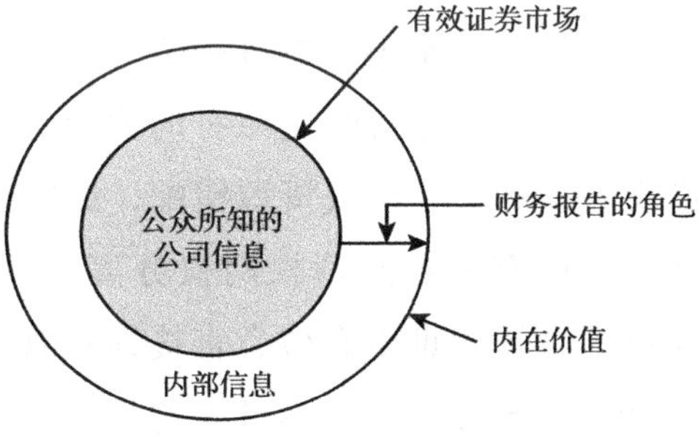

图2－2　有效证券市场中财务报告的角色

资料来源：威廉·R. 斯科特. 财务会计理论（第6版）[M]. 陈汉文等译. 北京：中国人民大学出版社，2012.

在噪音交易和理性预期的影响下，证券价格只传递了部分有关股票价值的信息，具有部分信息含量（partially informative）。信息使用者有动力搜集更多信息为决策服务，会计信息是重要的信息来源之一。信息含量的增强依赖于财务信息质量的提升。一般而言，会计信息系统质量越高，则股价反应越强烈。充分信息披露是提升资本市场效率的重要举措。近年来，我国准则强制要求增加OCI信息的披露与列报，对OCI的列报位置越来越显著，信息披露也越来越详尽，其目的在于扩大公司与OCI相关的特定信息披露，减少公众领域错误性或误导性信息带来的偏见，有利于提升整体会计信息有用性，增加财务报告在资本市场的信息传递作用。

第四节 信息不对称理论

信息不对称（Information Asymmetry）广泛存在于商业交易中。在商业交易中，一些人比其他人更具有信息优势，此时，则认为该经济机制中存在信息不对称。在强式有效资本市场中不存在信息不对称。但现实资本市场并非完全有效，必然存在信息不对称。

信息不对称会导致逆向选择（Adverse Selection）和道德风险（Moral Hazard）。相对外部投资者而言，管理层（或其他内部人员）掌握更多关于企业实际经营状况和未来发展前景的信息，他们可能为了个人私利而利用信息优势进行“暗箱”操作，甚至不惜牺牲投资者利益。由于对企业提供信息的信任度下降，部分投资可能会改变原有的投资意向，甚至出现逆向选择，导致资源配置效率下降甚至造成资源错配，影响资本市场高质量发展。在现代企业制度下，所有权和经营权两权分离。由于存在监管成本，且管理层的努力程度和工作效率难以有效、直接地被观测。管理层有可能偷懒，并将公司经营业绩的下滑归咎于不可控的外部因素，引发管理层道德风险。对企业业绩状况的充分披露，不仅可以将管理层绩效与企业业绩挂钩，形成激励或惩罚机制，还可以通过声誉影响机制来形成有力约束，进而控制道德风险。

信息不对称往往伴随着一定的交易关系或契约关系（Bebchuk and Fried，2003），信息不对称催生了交易关系和契约关系中的委托—代理问题，理论界习惯将信息不对称理论与委托—代理问题结合起来进行讨论。充分的信息披露可在一定程度上缓解信息不对称。扩大公司特定信息披露，减少公众领域以及误导性信息可能导致的偏见，提高财务报告的信息含量，把财务报告作为控制逆向选择和估计风险，促进资本市场良性运转的工具。

本书 OCI 对投资者、债权人和分析师的信息含量研究中涉及信息不对称问题。首先，充分的信息披露能缓解信息不对称，降低道德风险和逆向选择的可能性。OCI 列报制度几经变革后，降低了信息获取的成本，提升了会计信息透明度，缩减了管理层利用 OCI 进行盈余管理的空间，有利于缓解企业与外部信息使用者之间的信息不对称。其次，在信贷业务中，银企之间存在严重的信息不对称。在信贷契约拟订前，企业可能提供非客观的财务报告而致使处于信息劣势的银行做出不合理甚至错误的信贷决策，造成信贷资源错配。在履约过程中，由于严重的信息不对称，债务企业有可能私自变更借款用途甚至将贷款投资于高风险项目，使银行承担较高的信贷风险。OCI 信息披露及其改进，不仅使会计信息的披露更加全面、及时和透明，而且能客观反映企业可能面临的风险，提供有关市场风险和企业风险的相关信息，有利于降低银企之间的信息不对称，优化银行信贷决策。最后，作为信息传播中介的证券分析师，凭借其独特的信息挖掘能力和信息解读优势，定期发布的盈余预测公告有利于缓解上市公司与外部投资者的信息不对称。

各国准则制定机构陆续将 OCI 纳入准则体系，并逐步完善其列报和披露，不仅清晰披露企业已实现的净利润信息，而且披露了企业当期已确认未实现的，非核心业务带来的具有波动性、暂时性的那部分可能影响未来损益的信息，在更透明的会计信息环境下，提供更清晰、更合理和更完整的盈余信息，为信息使用者提供决策有用的增量信息。

第五节　决策有用观

随着资本市场日趋完善，会计信息使用者的信息需求日益多元化，财务报告目标逐渐由决策有用观和受托责任观并重转变为侧重决策有用观。财务报告使用者更加关注企业的整体经营及财务状况，更加倾向于通过分析企业的全部经营业绩来预测企业未来发展前景和获利能力，其决策不仅应考虑企业已实现的损益，还应将企业已确认未来可能实现的利得或损失等纳入考量范围。财务报告提供的有关企业财务状况、经营成果和现金流量等信息有助于信息使用者衡量其决策带来的期望报酬和可能的风险。

决策理论认为，投资者行为受期望效用最大化的影响和支配。假设投资者为理性风险规避型投资者，在期望收益一定时希望承担最低风险，而在风险一定时希望收益最大。这意味着投资者决策时不但要考虑有关企业现金流量、盈利能力等相关信息，还需获取关于企业风险的相关信息，最终在风险与报酬之间权衡后进行合理决策。同样，包括贷款规模、贷款利率、贷款种类和借款期限等在内的信贷决策也是债权人风险与报酬权衡之后的结果。

作为 OCI 信息含量研究的理论基础，本书重点梳理分析以鲍尔（Ball）和布朗（Brown）为代表的决策有用的信息观，以及以奥尔森（Ohlson）为代表的决策有用的计量观。

一、决策有用的信息观

只有当信息能改变信息使用者的观念和行为时，它才是有用的。投资者会基于已获悉的新信息修正对未来收益的预期，并做出决策进而导致交易量和股价的变化。因此，会计信息含量或有用程度可通过其公布后所导致的交易量和股价变化程度来衡量。这种将证券价格变动程度与信息含量，进而与决策有用性等同的财务会计理论方法称为决策有用的信息观（information approach）（Scott，2017）。Ball 和 Brown 于 1968 年首次运用实证研究方法科学验证了会计盈余具有的信息含量。自此，实证研究中普遍采用短窗口事件研究法来检验会计盈余的信息含量，但目前结合我国制度背景采用此方法对 OCI 信息含量研究的不多。OCI 虽然是净利润以外的具有复杂性、波动性、暂时性等特征的当期未实现的利得或损失，但可能会影响企业未来期间的损益，其本质上是一种收益（或损失），会影响股票价格（杨克智，2016）。理论上，OCI 列报会影响投资者企业盈余及其持续性的判断，进而影响盈余反应系数，最终导致投资者股市报酬的增减变化，可以采用事件研究法进行分析，因此本书选取了年报公布日前后的短窗口对 OCI 列报的市场反应进行研究，以检验其对投资者是否具有信息含量。

在有效资本市场中，会计信息会改变信息使用者对未来股利支付的预期，进而影响股价。Beaver（1968）对会计盈余影响股价的作用机理进行了总结（见图 2－3），从图 2－3 可以直观地看出会计信息是如何影响企业价值和股价的，认为人们可以基于当期会计盈余预测未来会计盈余，未来会计盈余将直接影响未来的股利支付金额，未来现金流（主要是股利）现值的大小将作为投资者决策的重要依据，进而影响股价。企业价值在资本市场的最直接体现为股票价格。若股票价格低于计算出的企业股票的价值，则认为股票价格被低估，做出继续持有和购买的决策。反之，若股票价格高于计算出的企业股票价值，则认为股票价格被高估，做出抛售股票的决策。理论界，将在当期会计盈余与股票价格（或股票收益率）之间建立关系，有关会计信息含量的研究方法主要有事件研究法和关联研究法。

图 2－3　会计信息影响股价的路径

（一）事件研究法

1968 年，Ball 和 Brown 开创了事件研究法的先河。事件研究法以有效证券市场为前提，其基本原理是：根据研究目的确定事件发生日，根据事件发生日股价或者交易量变化情况来验证或推断某一会计事件是否向投资者传递了增量信息。事件研究法的事件窗相对较短。假设证券市场无偏有效且投资者理性，股价能反映所有公开可获得的信息，那么，股价会基于新信息迅速进行调整，投资者方能通过投资决策获得超额报酬。因此，可以用超额报酬来衡量股价对事件的反应程度。事件研究法的基本研究步骤有：首先，确定事件发生日、事件窗口期和估计期；其次，根据股票的日个股回报率估计事件窗口期（正常条件下）的正常报酬；再次，根据实际报酬和正常报酬的差额计算出超额报酬；最后，进行统计检验，判断其显著性。

（二）关联研究法

会计信息含量中的关联研究法主要检验较长的窗口期内会计信息对股

价或股票回报的影响，其研究事件窗口期比事件研究法要长，一般为一年或者更长（李少轩等，2018）。根据已有文献，会计信息关联研究法最常见的是增量关联研究和相对关联研究：（1）增量关联研究，主要是关注模型的回归系数，如果主要研究变量回归系数显著且不等于零，则说明该变量具有价值相关性。（2）相对关联研究，通常用于比较不同的会计信息数据与股票报酬或股价之间相关性的差异。广泛应用的价格模型和收益模型即为相对关联研究，比较模型 R^2 的差异，其中 R^2 越大则价值相关性越高。价格模型和收益模型各有利弊，价格模型易产生异方差问题，而收益模型中会计收益的解释能力通常较弱，因此学者们研究各有取舍采用不同的模型进行实证检验，也有学者鉴于两者各有利弊而同时采用价格模型和收益模型进行研究。

目前，投资者视角下 OCI 的信息含量研究中，我国主要采用价格模型和收益模型研究的较多，鲜有将 OCI 与未预期盈余、累计超额报酬结合的事件研究法。鉴于此，本书借鉴该思想，运用事件研究法，通过观察事件发生日（年报公布日）前后累计超额报酬的增减变化来检验 OCI 的信息含量，设计了 OCI 列报市场反应的实证模型。

信息含量这一表述源于决策有用的信息观，最初以会计信息公布后所导致的交易量和股价变化程度来衡量其信息含量的大小，多以股票市场研究为主。后来，会计信息含量的外延逐渐扩大，主要涉及管理层讨论与分析（王爱群等，2019）、年报核心竞争力信息披露（何雨晴，2021）、分析师研究报告（马黎珺等，2019；钟覃琳和刘媛媛，2020；任飞等，2020）、审计报告［包括：审计意见（林雁，2020）、审计质量（Teoh and Wong，1993；刘宇，2010）、关键审计事项披露（王艳艳等，2018；李奇凤和路军伟，2021）、电话会议的自愿性信息披露（曹廷求和张光利，2020）、交易所问询函（赵丙艳和叶春明，2020）、社会责任信息披露（郭晔，2019）］等，由会计信息拓展到非会计信息领域，研究视角由投资者拓展到债权人、证券分析师、审计师、管理层等。因此，本书借鉴已有文献，借用广义的信息含量概念，基于投资者、债权人和证券分析师视角对 OCI 的信息含量进行了系统性研究。

二、决策有用的计量观

随着对决策有用观重视程度的加强，决策有用的计量观（measurement approach）也逐渐取代了决策有用的信息观。信息观强调历史成本计量和信息的充分披露，以投资者理性和有效证券市场假设为前提，认为信息披露的内容重于披露的形式。现实中，市场并非完全有效，投资者存在认知的局限，容易过度自信，容易犯代表性偏误和自我归因偏见等，说明投资者是有限理性的，导致噪音交易期望值不等于零。这无疑增加了财务报告在资本市场的重要性。财务报告在市场不是充分有效情况下的角色，如图2-4所示。对比图2-2，该图是在图2-2的基础上增加了一个内圆，代表市场并非充分有效时，减少的包含于实际股票价格中的信息。这说明在市场不是充分有效的情况下，股价并未反映所有可获得的公开信息。财务报告不仅要将内部信息外部化，而且还在提高市场有效性方面发挥积极作用。然而，现实中投资者是有限理性的，信息的内容和形式均会影响投资者的信息解读。换言之，信息列报和披露位置会影响其信息作用的发挥。一般而言，信息使用者对报表列报的信息关注度较高，对补充披露、附注等会缺乏反应。将现值会计纳入报表体系，是增加财务报告作用的重大尝

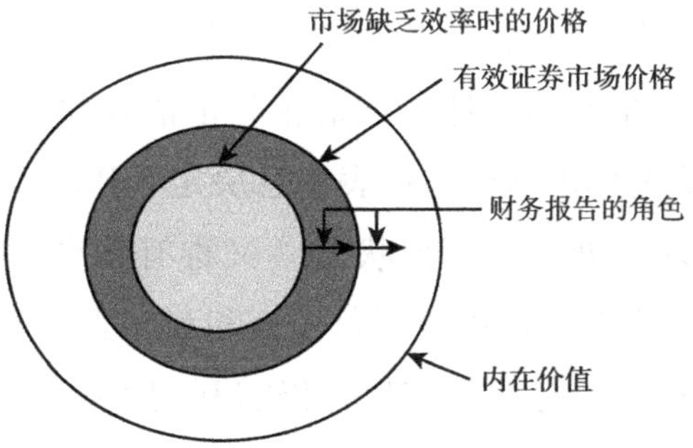

图2-4　市场并非充分有效情况下财务报告的角色

资料来源：威廉·R. 斯科特. 财务会计理论（第6版）[M]. 陈汉文等译. 北京：中国人民大学出版社，2012.

试，理论上可以减少信息使用者信息获取成本，提升信息透明度，为信息使用者理性决策提供帮助。现实中，证券市场并非充分有效，且存在大量有限理性投资者，这从某种程度上支持了决策有用的计量观。

决策有用的计量观认为，在保证信息可靠的基础上，强调财务报表尽可能以现值计量，以增强决策相关性。信息使用者在对企业未来现金流量和风险进行预测时，除了历史成本计量的会计信息以外，OCI 等以现行价值计量的会计信息也是重要的信息来源。OCI 在我国从引入准则体系到广泛应用，其重要性日益突出，具体体现在：其一，内容上从由“资本公积”科目核算转变为单独的“其他综合收益”一级科目进行核算，披露和列报内容越来越详细；其二，形式上从附注披露重心逐步转到报表主表中列报，在利润表的列报由“每股收益”项目下放转变为“净利润”项目的下方单独分类分项列示。OCI 的一系列准则变更是现值会计广泛应用的体现，也是决策有用计量观的重大尝试。

费尔萨（Feltham）和奥尔森（Ohlson）1995 年提出的干净盈余理论很好地支持了决策有用的计量观。干净盈余理论认为企业市场价值可以由财务报告各变量进行计量，具体模型可表示为：$PA_t = bV_t + g_t$（t 表示在企业任一时点），其中，PA_t为企业的价值，bV_t为企业资产的账面价值，等于全部资产预期收益的折现值，g_t也称为商誉，为企业未预期收益的折现值，代表着企业超盈利能力的资本化金额。在理想环境下，企业所有资产和负债都是按现行价值计量，未来非正常收益的期望现值为零（$g_t = 0$），此时称为无偏会计状态。在无偏会计下，企业非正常收益不具有持续性（Persistence），企业价值全部由资产负债表信息决定（$PA_t = bV_t$），利润表没有任何信息含量。而现实处于非理想状态（又称有偏会计状态），存在未记录的商誉（$g_t > 0$），企业价值由资产负债表和利润表各变量信息共同决定，即资产负债表并未包含所有相关信息，仍需利润表提供决策相关的额外会计信息。此时，利润表具有信息含量，且非正常收益持续性越强，利润表对报告使用者评估企业价值、预测企业未来前景的作用则越大。

报表使用者应全面分析资产负债的价值变动，才能提高企业价值估值的准确性。不仅要关注企业过去的已实现损益，还应考虑可能影响企业未来损益的净资产价值变动。OCI 蕴含了大量企业已确认未来实现的利得或损失，有助于弥补历史成本计量的净利润信息的不足，为报表使用者提供除净利润以外有关企业成长性的相关信息，提高企业价值估值的准确性。因而，只有包括 OCI 在内的关于价值创造的所有信息予以充分地披露时，企业才能被准确定价。干净盈余理论说明了公司价值由资产负债表与利润表基本的组成部分共同决定，并很好地支持了决策有用的计量观。

第六节　收益决定理论

收益决定理论有当期收益观与总括收益观两种，两者的差异导致了不同的收益衡量和报告方式。当期收益观，又称当期经营业绩观，对企业发生的真实交易或事项进行分析、判断、确认和计量，并按收入和费用配比原则得出利润作为本期经营业绩，强调当期经营业绩的重要性。总括收益观认为，企业本期收益应由主体一定期间内除利润分配（股利分配）和资本交易外影响企业净资产变化的所有项目决定，即：

本期收益 = 期末净资产 − 期初净资产 + 本期利润分配(或股利分配) − 本期接受的追加投资

由此可见，总括收益观下的收益与综合收益相一致。总括收益观认为，收益的确认应从属于资产和负债的确认，企业应该将重心转向资产负债表，强调高质量资产和负债对业绩提升的重要作用。与当期收益观比较，总括收益观的收益信息更加有利于市场参与者做出经济决策，因为除接受所有者投资和向所有者分配利润以外的所有净资产的变动均在利润表（或综合收益表）中反映，支持以综合收益口径衡量企业业绩。而与当期收益观相适应的是历史成本计量，仅仅报告企业已实现的损益。由此可见，两种业绩决定理论的根本差异在于对企业当期未实现，具有不确定性、波动性和低持续性的 OCI 处理不同。

总括收益观对应的收益计量理论为“资产负债观”，而当期收益观则与“收入费用观”相对应。在总括收益观下，收益源于净资产增值导致的财富增加，由两个部分构成：一是等同于收入费用观下已确认且已实现的收益，即净利润；二是已确认但未实现的资产负债持有利得和损失，即其他综合收益（杨有红，2017）。OCI 理论上能提供更为完整透明的会计信息，是企业净资产增值导致财富增加的重要组成部分，是总括收益观现实应用的必然产物。

第三章　其他综合收益对投资者超额报酬的影响

第一节　理论分析与研究假设

一、其他综合收益列报对投资者超额报酬的影响

OCI 主要源于公允价值计量的资产负债的价值变动，属于报表次要来源的非清洁项目（dirty surplus），其当期发生额在某种程度上可被视为超额盈余（abnormal earnings）（苏洋，2020）。然而，OCI 作为企业净利润以外的利得或损失，具有持续性弱、未实现特征，是净利润以外企业未来可能实现的超额盈余，能否转换为未来期间损益具有很大的不确定性。OCI 的列报使得投资者更容易将 OCI 与传统历史成本计量的净利润相区分，从而提升整体盈余信息的有用性。但可能带来企业的盈余反应系数（Earnings Response Coefficient，ERC）下降，具体体现在：其一，企业当期大量 OCI 的列报，使投资者有理由相信当期损益中的未预期盈余可能源于前期大量 OCI 转入损益的结果，会给投资者造成当期盈余持续性差的主观印象。其二，当期大量 OCI 的列报给投资者造成盈余质量低的主观印象。虽然会计准则改革会改变或抑制企业某些盈余管理行为，但管理者会调整盈余管理的内容和方法（Watts and Zimmerman，1986）。OCI 的现行准则规定给予企业一定的选择权，管理层在确认利得和损失的时间上有更多自由裁量权（Charles and Anna，2018）。在我国现行准则制度下，企业仍可通过控制和调节 OCI 转入当期损益的时间和金额来进行盈余管理，且现行绩效考核体系存在一定缺陷，使得准则改革中 OCI 透明度提升对盈余管理的抑制作用

可能不足以抵消投资者对企业利用 OCI 进行盈余管理的顾虑，进而降低投资者对企业盈余质量的信任度。其三，OCI 的波动性高于传统净利润（李梓，2019），面对企业当期大量 OCI 的列报，投资者会对企业未来产生现金流的金额、时间、可能性做出保守估计，降低企业未来盈余及其持续性的判断和预期，从而降低 ERC。Kormendi 和 Lipe（1987）研究认为盈余持续性越强，则 ERC 越大。企业存在的大量暂时性盈余会降低 ERC（Collins，1997）。其四，我国资本市场并不成熟，存在大量认知能力较弱的散户投资者和噪音交易者，他们缺乏对 OCI 的正确认知和深入理解，使得 OCI 列报的市场反应可能受到一定的负面影响。

据此，本书提出假设 H3－1：

假设 H3－1：其他综合收益的列报会降低企业盈余反应系数，削弱企业未预期盈余对累计超额报酬的影响程度。

二、审计质量和股权结构的调节作用

企业财务报表是资本市场重要的信息载体，管理层为达到业绩考核要求，有动机掩盖对其不利的财务信息，这无疑会增加信息不对称。独立外部审计作为重要的外部监督手段，是提升企业信息披露质量的重要力量。审计质量越高，企业的外部监督力越强（刘红梅，2018），高质量的外部审计对管理层盈余管理行为具有抑制作用（Chi and Lisie，2012）。高质量审计程序的实施，不仅能及时发现包括 OCI 转入当期损益在内可能的盈余操纵并予以披露，直接抑制盈余管理行为，还可对管理层权力形成强大的外部约束进而间接抑制盈余管理。反之，审计质量的下降将导致外部监督机制不能对企业及其管理层形成有效约束，使得盈余信息可靠性不强，会计信息不足以让投资者信服，最终导致 OCI 列报的 ERC 下降。

股权结构是影响盈余质量的重要因素之一（王化成和佟石，2006），而股东关联度和高管持股比例将直接影响企业股权结构。当股东关联度较低时，股东之间独立性较强，监督约束机制能有效发挥作用，同时也不容易对管理层行为进行干预，企业盈余信息透明度和可靠性更强。反之，当股东间存在较强关联时，虽然能提高决策的时效性，但监督约束机制“失灵”极易形成大股东合谋侵占小股东利益的局面，甚至大股东有可能联合对管理层施压进行盈余管理，造成信息披露质量下降。因此，当股东关联度高时，OCI 与 ERC 之间的负向关系更显著。高管持股是企业股权激励的重要形式之一，高管持股可能同时存在利益趋同效应和堑壕防御效应，但不同的持股比例由不同的效应占主导（Griffith，1999；马晨，2012）。马晨（2012）研究发现，当高管持股比例较低时利益趋同效应占主导地位，当高管持股比例较高时堑壕防御效应占主导地位。适度的高管持股在缓解代理冲突方面发挥积极作用，可促进管理层与股东的利益趋同，有效减少管理层利用 OCI 进行盈余操纵等机会主义行为。当高管持股比例过高时，高管对企业的控制力加强，其行为自主性加大，较少受到监督和约束，这将增加管理层利用 OCI 进行盈余操纵等机会主义行为，或选择性披露 OCI，造成会计信息透明度和可靠性下降，投资者信任度降低，不仅阻碍了企业特质信息的有效传递，而且会加大市场噪音，最终导致 ERC 下降。

基于以上分析，本书提出假设 H3－2a、H3－2b 和 H3－2c：

假设 H3－2a：企业的审计质量越低，其他综合收益与盈余反应系数的负相关关系越显著。

假设 H3－2b：企业股东关联度越强，其他综合收益与盈余反应系数的负相关关系越显著。

假设 H3－2c：企业高管持股比例越高，其他综合收益与盈余反应系数的负相关关系越显著。

三、投资者认知能力的调节作用

曾雪云等（2016）认为 OCI 的决策有用性受投资者认知能力与习惯、OCI 的可靠性和会计信息透明度等因素的限制。信息环境和投资者认知能力在很大程度上会对 OCI 的投资者定价效应造成影响（李少轩等，2018）。2009 年和 2014 年财政部从准则高度对 OCI 列报进行了两次重大改革，从某种程度上希望能改善信息提供的客观环境，但 OCI 列报改革效果还与投资者认知能力有关。当投资者认知能力较弱或对 OCI 关注度较低时，OCI 的准则变更可能达不到预期效果。现行会计准则并未解决 OCI 的定义和会计确认问题，重分类标准欠完善，其核算项目繁多而复杂，且准则变更频繁，使得投资者对 OCI 相关信息解读可能显得力不从心，不一定能透过 OCI 看到企业真实的盈余状况，进而进行合理的价值判断。大量研究表明，当投资者忽视盈余信息或未能正确理解盈余信息而做出决策时，ERC 普遍偏低。盈余噪音会降低盈余相关程度（LEV，1989），使得 ERC 更低。

投资者由于其认知局限性普遍存在“功能锁定”现象（于悦，2015）。相对个人投资者而言，机构投资者信息渠道丰富，拥有更多私有信息，能快速搜寻与决策相关的信息，过滤与决策无关的信息（Simnett，1996），搜寻信息时耗费的精力更少（Andderson，1988），信息解读能力更强（张纯和吕伟，2007），能对盈余信息作出更准确的判断，更容易发现盈余操纵行为，对盈余持续性的判断更准确。而认知能力较弱的散户投资者更容易出现“功能锁定”，难以区分净利润与 OCI 的持续性差异，不容易发现企业盈余操纵行为，且容易跟风投资，导致更多的噪音交易者非理性行为，进而加剧 OCI 与 ERC 的负相关性。据此，本书提出假设 H3 - 3：

假设 H3 - 3：机构投资者持股比例越低，其他综合收益与盈余反应系数的负向关系越显著。

第二节 研究设计

一、样本获取与数据来源

本书主要以我国沪深 A 股上市公司 2012 ~ 2018 年年报数据为样本[①]，研究 OCI 列报的市场反应及其可能的作用机理，以验证 OCI 列报对投资者

① 为计算 2012 ~ 2018 年的累计超额报酬，市场收益率、无风险利率、市值因子、账面市值比因子和日个股回报率等计算累计超额报酬的数据均多获取一年数据（截至 2019 年）。

超额报酬是否有影响。样本具体筛选过程如下：（1）剔除金融保险类行业和*ST、S、S*ST、SST、ST类的上市公司样本；（2）剔除数据严重缺失的观测值；（3）剔除异常数据样本；（4）为考察未预期盈余的波动性指标，进一步剔除低于3年的样本数据。样本数据均来自国泰安（CSMAR）数据库，最后得到9472个观测值（其中，2012年1085个，2013年1240个，2014年1306个，2015年1425个，2016年1623个，2017年1431个，2018年1362个）。运用Excel和Stata 15.1进行相关统计分析。

二、变量定义

（一）被解释变量

本书从年报中OCI列报的市场反应考察OCI对投资者的信息含量大小，分析其可能的内在作用机理。为了更纯净地反映OCI的信息含量，本书运用短窗口事件研究，设置了累计超额报酬（Cumulative Abnormal Return，CAR）作为本书的被解释变量。具体定义为年报公布日前后10个交易日作为事件窗口期，采用Fama－French三因子模型计算出的累计异常收益。借鉴于悦（2015）、Wang（2016）和苏洋等（2020）的做法，采用事件研究法测度年报中OCI信息的市场反应。本书借助股价的“信息发现”功能，将OCI的列报作为一个价值信号，以年报公布日前后事件窗内的CAR作为信息反应的结果，通过对CAR、未预期盈余与OCI三者关系的检验，从ERC视角分析OCI的信息含量。

首先，确定事件发生日、事件窗口期和估计期。本书将年报公布日作为事件发生日（t＝0），采用年报公布日前后10个交易日（记为：［－10，10］）作为事件窗口期[①]。估计期为年报公布日前150个交易日至年报公布日前20个交易日（记为：［－150，－20］），以此为基础估计事件窗口期的正常报酬。

① 事件窗口期的确定不宜过长或过短。窗口期过长会引入过多噪音的影响，导致盈余信息含量高估，而窗口期过短有可能事件来不及反应，而低估了盈余信息含量。因此本研究出于实际和谨慎性考虑，采用［－10，10］作为事件窗口期，并在稳健性检验中调整事件窗口期为［－2，2］重新进行检验，从而保证了结论的合理性和科学性。

其次，采用 Fama - French 三因子模型计算出 CAR。目前，计算 CAR 较常见的方法是采用市场模型法和市场调整模型法。本书在原有 CAPM 模型的基础之上，加入了对股票报酬率有影响的市值因子（SMB）和账面市值比因子（HML），采用 Fama - French 三因子模型计算出 CAR，使得因变量的影响因素考虑更加全面，确保模型设定的合理性和回归结果的可靠性，使得研究结论解释性更强。具体计算过程通过 Stata 软件实现，其基本思路为：

1. 计算个股正常报酬率（ER）

以 Fama - French 三因子模型为基础，估算出样本公司 i 在 t 时的正常报酬率。Fama - French 三因子模型可表示为：

$$R_{i,t} - R_{f,t} = \alpha_i + \beta_i(R_{m,t} - R_{f,t}) + \delta_i SMB_t + \gamma_i HML_t + \varepsilon_{i,t} \tag{3-1}$$

其中，$R_{i,t}$表示 t 时点的个股回报率，$R_{f,t}$表示 t 时点的无风险收益率，$R_{m,t}$表示 t 时点的市场收益率，SMB_t表示 t 时点的市值因子，HML_t表示 t 时点的账面市值比因子，$\varepsilon_{i,t}$为残差项。

2. 计算个股超额报酬率（Abnormal Return，AR）

个股超额报酬（AR）即公司 i 在 t 时点的实际报酬率超出正常报酬率的部分，用事件窗口期的实际报酬减去正常报酬率，计算公式为：

$$AR_{i,t} = R_{i,t} - ER_{i,t} \tag{3-2}$$

其中，$AR_{i,t}$表示公司 i 在 t 时点的超额报酬，$R_{i,t}$表示公司 i 在 t 时点的实际报酬率，$ER_{i,t}$表示公司 i 在 t 时点的正常报酬率。

3. 计算个股累计超额报酬率（CAR）

将事件窗口期内公司 i 在 t 时点的个股超额报酬率加总求和，即可求得累计超额报酬率（CAR）。

（二）解释变量

解释变量为企业未预期盈余（SUE）和其他综合收益（OCI）。企业未预期盈余（SUE）① 为企业第 t 年未预期每股盈余除以标准差，未预期每股

---

① 未预期盈余（SUE）数据由国泰安（CSMAR）数据库提供。调整后每股收益 EPS* 为参考了吴世农（2003）调整后的每股收益，详见：吴世农，吴超鹏．我国股票市场“价格惯性策略”和“盈余惯性策略”的实证研究［J］．经济科学，2003（04）：41 - 50.

盈余等于当期调整后 EPS^{*} 减去当期前两期调整后 EPS^{*}。其他综合收益（OCI）具体定义为第 t 年每股其他综合收益除以期初股票收盘价。

（三）控制变量

投资者超额报酬的大小受企业规模、盈利持续性、企业成长性、抗风险能力和所处经营环境等多重因素的影响。在参照王化成和佟岩（2006）、苏洋等（2020）指标选取的基础上，结合本书研究的特殊性，选取了企业规模（SIZE）、净资产收益率（ROE）、资产负债率（LEV）、是否亏损（LOSS）、企业成长性（GROWTH）、盈余持续性（persist）、分析师跟踪规模（FOLLOW）、内部控制质量（ICQ）、风险水平（Beta）和账面市值比（BM）作为控制变量，并控制了行业（IND）和年度（YEAR）效应。各变量具体定义如表 3－1 所示。

表 3－1　变量定义表

变量类型	变量名称	变量符号	变量描述
被解释变量	累计超额报酬	$CAR_{[-10,10]}$	企业 i 在事件窗口期［－10，10］的累计异常收益
解释变量	未预期盈余	SUE	企业 i 第 t 年未预期每股盈余/标准差
	其他综合收益	OCI	企业 i 第 t 年每股其他综合收益/期初股票收盘价
控制变量	企业规模	SIZE	企业 i 第 t 年末总市值的自然对数
	净资产收益率	ROE	第 t－1 年净利润/股东权益平均余额，其中：股东权益平均余额＝(股东权益期初余额＋股东权益期末余额)/2
	资产负债率	LEV	企业 i 第 t 年期末负债总额/期末资产总额
	是否亏损	LOSS	虚拟变量，若当期净利润小于 0，赋值为 1，否则赋值为 0
	企业成长性	GROWTH	（企业 i 第 t 年销售收入－企业 i 第 t－1 年销售收入）/第 t 年销售收入
	盈余持续性	persist	（企业 i 第 t 年利润总额－企业 i 第 t 年营业利润）/第 t 年利润总额，该指标越大，则说明企业盈余持续性越差
	分析师跟踪规模	FOLLOW	Ln（1＋第 t 年分析师跟踪数量）

续表

变量类型	变量名称	变量符号	变量描述
控制变量	内部控制质量	ICQ	Ln（1+第t年深圳迪博内部控制指数）
	风险水平	Beta	企业i在第t年年末的贝塔系数
	账面市值比	BM	企业i第t年期末资产总额/期末总市值
	行业	IND	虚拟变量，依据证监会行业分类标准生成，用以控制行业因素的影响
	年份	YEAR	虚拟变量，用来控制不同年度宏观经济的影响
其他变量	是否来自四大	BIG4	由四大会计师事务所审计的企业，赋值为1，否则为0
	股东关联度	D_top10	按前十大股东是否存在关联设置虚拟变量，存在关联赋值为1，否则为0
	高管持股比例	D_MANS	将高管持股比例按年份的三分位数分组，前33%的样本为低组，赋值为1，其余样本为高组，赋值为0
	机构投资者持股比例	D_INSTT	机构投资者持股比例高于年度上四分位数的，赋值为1，否则，赋值为0
	会计准则变更	CAS	发生于准则变更后（2014－2018）赋值为1，发生于变更前（2012－2013），则赋值为0

三、模型设定

本书在盈余反应系数基本模型（Collins，1989）的基础上进行模型设计，通过考察OCI与ERC的关系来检验OCI列报的市场反应。

盈余反应系数基本模型为：

$$CAR = \beta_0 + \beta_1 SUE_{i,t} + \varepsilon_{i,t} \quad (3-3)$$

在该模型中，系数β_1即为盈余反应系数，为模型的斜率，代表事件窗口期内企业股票的累计超额报酬（CAR）对未预期盈余（SUE）的反应程度。本书研究的是盈余反应系数视角下OCI列报带来市场反应，设OCI与盈余反应系数（β_1）关系为：

$$\beta_1 = \beta_{11} + \beta_{12} OCI_{i,t} \quad (3-4)$$

将式（3－4）代入式（3－3）式中，整理可得：

$$CAR = \beta_0 + \beta_{11}SUE_{i,t} + \beta_{12}SUE_{i,t} \times OCI_{i,t} + \varepsilon_{i,t} \quad (3-5)$$

本书基于修正后的盈余反应系数模型，并借鉴王化成和佟岩（2006）、于悦（2015）的模型设计思想，以企业年报公布日前后10日的累计超额报酬（$CAR_{[-10,10]}$）作为被解释变量，企业未预期盈余（SUE）和其他综合收益（OCI）为被解释变量，加入SUE与OCI的交乘项（SUE×OCI）和公司基本面情况的相关控制变量，并在控制行业和年份的基础上建立了模型（3－6）。

$$\begin{aligned} CAR_{[-10,10]} = {} & \alpha_0 + \alpha_1 SUE_{i,t} + \alpha_2 OCI_{i,t} \times SUE_{i,t} + \alpha_3 SIZE_{i,t} + \alpha_4 ROE_{i,t} \\ & + \alpha_5 LEV_{i,t} + \alpha_6 LOSS_{i,t} + \alpha_7 GROWTH_{i,t} + \alpha_8 persist_{i,t} \\ & + \alpha_9 FOLLOW_{i,t} + \alpha_{10} ICQ_{i,t} + \alpha_{11} Beta_{i,t} + \alpha_{12} BM_{i,t} \\ & + \alpha_{13} \sum IND + \alpha_{14} \sum YEAR + \varepsilon_{i,t} \end{aligned} \quad (3-6)$$

应关注模型（3－6）中OCI与未预期盈余的交乘项（OCI×SUE）系数α_2。若α_2显著为正，则表明OCI列报能提高企业未预期盈余的盈余反应系数（ERC），进而增强未预期盈余（SUE）对累计超额报酬（CAR）的反应程度，在资本市场产生了积极的反应；若α_2显著为负，则表明OCI降低了企业未预期盈余的ERC，降低未预期盈余（SUE）对累计超额报酬（CAR）的反应程度。若假设H3－1成立，则α_2应显著为负。

第三节　实证结果与数据分析

一、描述性统计

表3－2报告了描述性统计结果。从表3－2中可以看出，$CAR_{[-10,10]}$的均值与中位数相等，标准差0.110相对较小，但最小值（－0.4）和最大值（0.236）两者之间差异较大，说明样本企业之间的CAR差异较大。未预期盈余（SUE）的均值为－0.037，中位数为－0.004，标准差1.240较大，

最小值（-2.787）和最大值（2.795）之间存在显著差异。同样地，其他综合收益（OCI）的均值与中位数相等，标准差（0.015）较小，但最小值（-0.150）和最大值（0.791）之间差异明显，说明样本企业间未预期盈余（SUE）和其他综合收益（OCI）差异较明显。这也可能是导致样本企业间累计超额报酬（CAR）具有差异性的重要原因。

表 3-2　　主要变量的描述性统计分析

变量名	样本量	均值	中位数	标准差	最小值	最大值
$CAR_{[-10,10]}$	9472	-0.114	-0.114	0.110	-0.400	0.236
SUE	9472	-0.037	-0.004	1.240	-2.787	2.795
OCI	9472	0.000	0.000	0.015	-0.150	0.791
SIZE	9472	22.600	22.400	1.284	20.160	26.250
ROE	9472	0.081	0.079	0.175	-12.770	1.615
LEV	9472	0.440	0.437	0.200	0.057	0.864
LOSS	9472	0.065	0.000	0.246	0.000	1.000
GROWTH	9472	0.421	0.152	1.041	-0.664	7.485
persist	9472	0.190	0.036	1.348	-29.690	32.920
FOLLOW	9472	2.048	2.079	0.880	0.693	4.331
ICQ	9472	6.392	6.512	0.819	0.000	6.894
Beta	9472	1.012	1.012	0.270	0.298	1.770
BM	9472	0.621	0.616	0.261	0.021	6.546

二、回归结果分析

（一）多元回归分析

表3-3报告了逐步加入控制变量的基本回归结果。表3-3中列（1）显示了主模型中仅控制年份和行业的结果，交乘项（SUE×OCI）回归系数为-0.071，在5%的水平下显著，说明企业列报的OCI与ERC显著负相关。列（2）显示，模型的拟合优度在加入企业基本面的相关控制变量后有所上升，且SUE的回归系数为0.002，且在5%的显著性水平下显著。交乘项（SUE×OCI）回归系数为-0.081，在5%的水平下显著。这表明当期OCI的

列报可能给投资者传递了有关企业未来盈余的消极信息，使投资者保守估计企业未来盈余及其持续性，加上大量投资者对 OCI 的理性认识不够，导致 OCI 与 ERC 显著负相关，使得 OCI 的列报削弱了企业未预期盈余（SUE）对累计超额报酬（CAR）的影响程度。该结果很好地支持了假设 H3－1。

从控制变量的回归结果看出，企业规模（SIZE）、净资产收益率（ROE）、资产负债率（LEV）、企业成长性（GROWTH）、盈余持续性（persist）和账面市值比（BM）等指标的回归系数显著性非常强，表明会计信息的市场反应明显，进一步验证了会计信息具有信息含量。

表 3－3　基本回归结果

变量名	因变量：$CAR_{[-10,10]}$	
	(1)	(2)
SUE	0.002*** (2.775)	0.002** (2.484)
SUE × OCI	−0.071** (−2.085)	−0.081** (−2.381)
SIZE		−0.004*** (−2.777)
ROE		0.016** (2.132)
LEV		−0.023*** (−3.045)
LOSS		0.008 (1.417)
GROWTH		0.004*** (3.215)
persist		−0.002** (−2.386)
FOLLOW		0.005*** (3.210)
ICQ		0.006*** (3.873)

续表

变量名	因变量：$CAR_{[-10,10]}$	
	(1)	(2)
Beta		-0.006 (-1.329)
BM		0.043 *** (5.158)
IND	控制	控制
YEAR	控制	控制
_cons	-0.161 *** (-13.213)	-0.136 *** (-4.359)
N	9472	9472
r2_a	0.134	0.143

注：回归系数已经过 White 异方差处理；*、**、*** 分别表示在 10%、5%、1% 的水平上显著。

（二）分组回归结果

表 3-4 报告了主模型按接受审计服务的会计师事务所是否来自四大、股东关联度和高管持股比例分组回归的结果。是否来自四大（BIG4）的分组回归结果显示，当接受审计服务的会计师事务所不是来自四大时，模型主要解释变量（SUE 和 SUE×OCI）的显著性较强，OCI 与 ERC 显著负相关，而当接受审计服务的会计师事务所来自四大时，SUE 与 SUE×OCI 的回归系数均不显著。表 3-4 中列（3）和列（4）是股东关联度（D_top10）的分组回归结果，当股东关联度高时，模型主要解释变量（SUE 和 SUE×OCI）的显著性较强，而当股东关联度低时，SUE 与 SUE×OCI 的回归系数不显著，SUE 的回归系数下降，且 SUE×OCI 的回归系数的绝对值也大幅降低。列（5）和列（6）是高管持股比例（D_MANS）的分组回归结果。当高管持股比例高时，SUE 的回归系数（0.003）与交乘项（SUE×OCI）的回归系数（-0.142）均在 5% 水平下显著。当高管持股比例低时，SUE 和 SUE×OCI 的回归系数均不显著，且 SUE 的回归系数由 0.003 下降为 0.001，SUE×OCI 的回归系数的绝对值也大幅下降。结果表明，审计质量

的下降可能导致外部监督机制不能有效发挥作用，股东关联度的增强或高管持股比例的提高会降低股权制衡度，影响公司治理水平。内部治理水平下降和外部监督机制“失灵”会提升管理层盈余管理的概率，导致投资者对盈余信息的信任度下降，使得 OCI 与 ERC 的负相关关系更显著。该回归结果支持了假设 H3－2a、H3－2b 和 H3－2c。

表 3－4 按审计质量和股权结构分组回归结果（因变量：$CAR_{[-10,10]}$）

变量名	是否来自四大（BIG4）		股东关联度（D_top10）		高管持股比例（D_MANS）	
	（是） (1)	（否） (2)	（低组） (3)	（高组） (4)	（低组） (5)	（高组） (6)
SUE	0.003 (0.988)	0.002** (2.266)	0.000 (0.123)	0.003*** (2.959)	0.001 (0.774)	0.003** (2.437)
SUE × OCI	−0.116 (−0.729)	−0.088** (−2.502)	−0.045 (−0.728)	−0.098** (−2.323)	−0.031 (−0.841)	−0.142** (−2.163)
SIZE	−0.005 (−1.111)	−0.004** (−2.124)	−0.003 (−1.489)	−0.005*** (−2.749)	−0.005* (−1.932)	−0.003* (−1.792)
ROE	0.063 (1.146)	0.016* (1.946)	0.016 (0.737)	0.017** (2.168)	0.017** (2.159)	0.009 (0.429)
LEV	−0.039 (−1.551)	−0.023*** (−2.909)	−0.037*** (−3.159)	−0.011 (−1.075)	−0.016 (−1.225)	−0.025*** (−2.685)
LOSS	−0.002 (−0.083)	0.008 (1.423)	−0.001 (−0.075)	0.014** (1.991)	−0.008 (−0.931)	0.014* (1.874)
GROWTH	0.005 (0.842)	0.004*** (2.933)	0.004* (1.786)	0.004*** (2.600)	0.005** (2.518)	0.004** (2.134)
persist	−0.000 (−0.142)	−0.002** (−2.393)	−0.000 (−0.388)	−0.002*** (−2.734)	−0.002 (−1.500)	−0.001** (−2.140)
FOLLOW	0.017** (2.475)	0.004*** (2.626)	0.005** (2.085)	0.005** (2.482)	0.006** (2.216)	0.004** (2.299)
ICQ	0.001 (0.202)	0.007*** (3.873)	0.009*** (4.081)	0.004* (1.855)	0.005** (2.479)	0.007*** (3.125)
Beta	−0.026** (−2.155)	−0.004 (−0.841)	−0.004 (−0.647)	−0.006 (−1.118)	−0.004 (−0.586)	−0.007 (−1.277)
BM	0.088*** (3.956)	0.041*** (4.681)	0.053*** (4.763)	0.038*** (3.633)	0.052*** (2.858)	0.035*** (4.063)

续表

变量名	是否来自四大（BIG4）		股东关联度（D_top10）		高管持股比例（D_MANS）	
	（是） （1）	（否） （2）	（低组） （3）	（高组） （4）	（低组） （5）	（高组） （6）
IND	控制	控制	控制	控制	控制	控制
YEAR	控制	控制	控制	控制	控制	控制
_cons	-0.137 (-1.424)	-0.150*** (-4.263)	-0.191*** (-4.157)	-0.087** (-2.131)	-0.111* (-1.958)	-0.153*** (-3.908)
N	754	8718	3525	5941	3100	6372
r2_a	0.156	0.144	0.184	0.119	0.179	0.127

注：回归系数已经过 White 异方差处理；*、**、*** 分别表示在 10%、5%、1% 的水平上显著。

表 3-5 报告了按机构投资者持股比例分组回归结果。结果显示，在机构投资者持股比例低组中，SUE 和交乘项（SUE × OCI）的回归系数均在 5% 水平下显著。在机构投资者持股比例高组中，SUE 和交乘项（SUE × OCI）的回归系数均不显著。回归结果表明，OCI 对累计超额报酬（CAR）的影响因投资者类型而异，OCI 与 ERC 的负向关系在机构投资者持股比例低组中更显著，说明相对机构投资者，个体投资者对报表中 OCI 的信息解读可能显得力不从心，不一定能透过 OCI 看到企业真实的盈余状况，从而导致 OCI 与 ERC 的负向关系更显著，该结果支持了假设 H3-3。

表 3-5　按机构投资者持股比例分组回归结果（因变量：$CAR_{[-10,10]}$）

变量名	机构投资者持股比例（D_INSTT）	
	高组 （1）	低组 （2）
SUE	0.001 (0.772)	0.002** (2.484)
SUE × OCI	-0.156 (-1.142)	-0.081** (-2.381)
SIZE	-0.004 (-1.510)	-0.004*** (-2.777)
ROE	0.043 (1.507)	0.016** (2.132)

续表

变量名	机构投资者持股比例（D_INSTT）	
	高组 (1)	低组 (2)
LEV	-0.018 (-1.184)	-0.023*** (-3.045)
LOSS	0.028** (2.214)	0.008 (1.417)
GROWTH	0.004* (1.680)	0.004*** (3.215)
persist	-0.004** (-2.321)	-0.002** (-2.386)
FOLLOW	0.006** (2.085)	0.005*** (3.210)
ICQ	0.004* (1.705)	0.006*** (3.873)
Beta	-0.005 (-0.683)	-0.006 (-1.329)
BM	0.036** (2.195)	0.043*** (5.158)
IND	控制	控制
YEAR	控制	控制
_cons	-0.160*** (-2.788)	-0.136*** (-4.359)
N	2616	9472
r2_a	0.145	0.143

注：回归系数已经过 White 异方差处理；*、**、*** 分别表示在 10%、5%、1% 的水平上显著。

三、进一步研究

（一）OCI 列报制度变革的影响

自 OCI 引入以来，财政部于 2009 年和 2014 年对 OCI 进行了两次重大列报改革。从我国 OCI 的现行准则规定来看，无论是 OCI 从“资本公积”分离出来单独以“其他综合收益”一级科目核算要求的变化，还是在利润表中列报位置的变化，由总额列报到分类别分项目单独列报的转变，均充分体现了准则制定机构对 OCI 的重视程度日益增强。我国有关 OCI 的准则规定基本实现国际趋同，但也有其特殊性。其中最大的特殊性在于未给予 OCI 列报选择权，强制性要求企业在利润表中单独分项分类列示，这突出了 OCI 信息的重要性和盈余信息透明度。理论上，2014 年 OCI 列报制度变革应能增强 OCI 与 ERC 的相关性。为此，我们对 2014 年 OCI 列报制度变更对 OCI 信息含量传递的影响进行了分组检验。

表 3－6 列示了 2014 年 OCI 列报制度变革前后的分组回归结果。结果显示，在 2014 年 OCI 列报制度变更后组中，SUE 和交乘项（SUE × OCI）的回归系数均在 5% 水平下显著。这说明 2014 年 OCI 列报制度变革显著增强了 OCI 与 ERC 的相关性，表明会计制度变迁是影响其他综合收益信息含量的重要因素。另外，SUE 的回归系数由不显著变为显著，则从侧面说明了 2014 年会计准则变更增强了盈余信息的有用性。

表 3－6　　OCI 列报准则变更前后分组回归结果

变量名	OCI 列报准则变更前后分组	
	变更前 (1)	变更后 (2)
SUE	0.002 (1.336)	0.002 ** (2.212)
SUE × OCI	0.012 (0.077)	－0.079 ** (－2.276)
SIZE	－0.007 *** (－2.842)	－0.004 ** (－1.984)
ROE	0.045 (1.466)	0.015 (1.605)
LEV	－0.003 (－0.204)	－0.029 *** (－3.223)
LOSS	0.014 (1.330)	0.008 (1.240)

续表

变量名	OCI 列报准则变更前后分组	
	变更前 (1)	变更后 (2)
GROWTH	0.005 ** (2.219)	0.004 ** (2.348)
persist	-0.002 (-1.568)	-0.001 * (-1.804)
FOLLOW	0.007 ** (2.574)	0.004 ** (2.134)
ICQ	0.007 * (1.682)	0.006 *** (3.574)
Beta	0.022 *** (2.902)	-0.016 *** (-3.126)
BM	0.070 *** (5.947)	0.038 *** (3.792)
IND	控制	控制
YEAR	控制	控制
_cons	-0.121 ** (-2.076)	-0.126 *** (-3.334)
N	2325	7147
r2_a	0.035	0.090

注：回归系数已经过 White 异方差处理；*、**、*** 分别表示在 10%、5%、1% 的水平上显著。

（二）其他综合收益与未预期盈余波动性的关系

为验证 OCI 与 ERC 的负相关关系是否与 OCI 转入当期损益导致的未预期盈余的波动有关，我们对 OCI 与未预期盈余的波动性关系进行了进一步探究，如表 3-7 中模型（3-7）到模型（3-9）所示[①]。表 3-7 的回归

① 模型（3-9）中因变量为未预期盈余的波动性（sue_sd），以未预期盈余除以期初股价为基础，计算连续三年的滚动标准差；解释变量分别为第 t、t-1 和 t-2 年的 DOCI，若 OCI 的非零样本，则 DOCI 赋值为 1，否则赋值为 0；控制变量中，ROA 为资产收益率，等于净利润除以平均资产总额（平均资产总额等于期初资产总额与期末资产总额求和之后取均值）；top10_ratio 为前十大股东持股比例。

结果显示，未预期盈余的波动性（sue_sd）与企业近三年 DOCI 显著正相关，表明 OCI 的存在是导致未预期盈余波动的重要因素。换言之，企业未预期的每股收益中有 OCI 的影响，虽然 OCI 一般源于企业的非核心盈余，但会影响企业未来期间的利润，投资者会对 OCI 及其波动性影响作出保守估计。

$$sue\_sd_{i,t} = \alpha_0 + \alpha_1 DOCI_{i,t} + \alpha_2 ROA_{i,t} + \alpha_3 GROWTH_{i,t} + \alpha_4 ICQ_{i,t} + \alpha_5 LOSS_{i,t} + \alpha_6 top10\_ratio_{i,t} + \alpha_7 \sum IND + \alpha_8 \sum YEAR + \varepsilon_{i,t} \quad (3-7)$$

$$sue\_sd_{i,t} = \alpha_0 + \alpha_1 DOCI_{i,t-1} + \alpha_2 ROA_{i,t} + \alpha_3 GROWTH_{i,t} + \alpha_4 ICQ_{i,t} + \alpha_5 LOSS_{i,t} + \alpha_6 top10\_ratio_{i,t} + \alpha_7 \sum IND + \alpha_8 \sum YEAR + \varepsilon_{i,t} \quad (3-8)$$

$$sue\_sd_{i,t} = \alpha_0 + \alpha_1 DOCI_{i,t-2} + \alpha_2 ROA_{i,t} + \alpha_3 GROWTH_{i,t} + \alpha_4 ICQ_{i,t} + \alpha_5 LOSS_{i,t} + \alpha_6 top10\_ratio_{i,t} + \alpha_7 \sum IND + \alpha_8 \sum YEAR + \varepsilon_{i,t} \quad (3-9)$$

表 3-7　OCI 与每股未预期盈余波动性的关系（因变量：sue_sd）

变量名	模型（3-7）	模型（3-8）	模型（3-9）
DOCI	0.009*** (5.010)		
L. DOCI		0.007*** (3.855)	
L2. DOCI			0.004** (2.266)
ROA	-0.359*** (-18.907)	-0.373*** (-18.769)	-0.333*** (-14.996)
GROWTH	-0.000 (-0.143)	-0.001 (-1.582)	-0.002** (-2.464)
ICQ	-0.000 (-0.029)	0.000 (0.030)	-0.001 (-0.472)

续表

变量名	模型（3－7）	模型（3－8）	模型（3－9）
LOSS	0.037*** (7.742)	0.025*** (5.285)	0.025*** (5.085)
top10_ratio	－0.001*** (－8.349)	－0.000*** (－6.529)	－0.000*** (－5.887)
IND	控制	控制	控制
YEAR	控制	控制	控制
_cons	0.161*** (14.230)	0.178*** (14.137)	0.180*** (13.173)
N	12788	10428	8346
r2_a	0.155	0.165	0.148

注：回归系数已经过 White 异方差处理；*、**、*** 分别表示在 10%、5%、1% 的水平上显著。

（三）其他综合收益与盈余持续性的关系

为进一步检验 OCI 列报是否会降低企业未来盈余及其持续性，本书在模型（3－6）的基础上加入盈余持续性与其他综合收益的交乘项（persist × OCI），建立模型（3－10），对其他综合收益、盈余持续性和 CAR 的关系做进一步检验。表 3－8 的回归结果显示，盈余持续性与其他综合收益的交乘项（persist × OCI）的系数为－0.004，且在 10% 的水平下显著，说明 OCI 列报降低了盈余持续性，进一步加剧了盈余持续性下降带来的负面市场反应。投资者有理由依据 OCI 的列报对盈余持续性进行保守估计并做出投资决策，使得 OCI 与 ERC 呈负相关关系。

$$
\begin{aligned}
CAR_{[-10,10]} = {} & \alpha_0 + \alpha_1 SUE_{i,t} + \alpha_2 OCI_{i,t} \times SUE_{i,t} + \alpha_3 persist_{i,t} \\
& + \alpha_4 persist_{i,t} \times OCI_{i,t} + \alpha_5 SIZE_{i,t} + \alpha_6 ROE_{i,t} \\
& + \alpha_7 LEV_{i,t} + \alpha_8 LOSS_{i,t} + \alpha_9 GROWTH_{i,t} \\
& + \alpha_{10} FOLLOW_{i,t} + \alpha_{11} ICQ_{i,t} + \alpha_{12} Beta_{i,t} \\
& + \alpha_{13} BM_{i,t} + \alpha_{14} \sum IND + \alpha_{15} \sum YEAR + \varepsilon_{i,t} \qquad (3-10)
\end{aligned}
$$

表 3-8　　OCI、盈余持续性与累计超额报酬的关系

变量名	模型（3-10） 因变量：$CAR_{[-10,10]}$
SUE	0.002** (2.467)
SUE × OCI	-0.081** (-2.380)
persist	-0.002** (-2.338)
persist × OCI	-0.004* (-1.897)
SIZE	-0.004*** (-2.769)
ROE	0.016** (2.136)
LEV	-0.023*** (-3.049)
LOSS	0.007 (1.389)
GROWTH	0.004*** (3.216)
FOLLOW	0.005*** (3.207)
ICQ	0.006*** (3.869)
Beta	-0.006 (-1.330)
BM	0.043*** (5.152)
IND	控制
YEAR	控制

续表

变量名	模型（3-10）
	因变量：$CAR_{[-10,10]}$
_cons	-0.136*** (-4.363)
N	9472
r2_a	0.143

注：回归系数已经过 White 异方差处理；*、**、*** 分别表示在 10%、5%、1% 的水平上显著。

第四节　内生性的控制

一、PSM 倾向得分匹配法

为避免可能存在的内生性干扰，我们对研究样本进行了 PSM 匹配。为保证匹配的合理性，本书将 OCI 的非零样本作为处理组，赋值为 1，否则，赋值为 0。选择企业规模（SIZE）、资产负债率（LEV）、企业成长性（GROWTH）和账面市值比（BM）作为协变量，构建模型（3-11）。模型（3-11）的 Logit 回归结果显示（见表 3-9），所有协变量回归系数均在 1% 水平下显著。本书选择了半径匹配对 OCI 与 CAR 的关系进行再检验。模型（3-11）的半径匹配的平均处理效应（ATT）为 0.007，对应的 T 值为 2.54，在 5% 的水平上显著，且匹配仅损失少量样本。为确保匹配的有效性，我们进一步做了平衡性检验。结果显示（见表 3-10），PSM 匹配后所有协变量标准化偏差的绝对值均小于 2%，且对应的 T 检验均不显著，说明通过了平衡性检验，匹配过程及结果有效。本书利用 PSM 匹配后的数据对原假设进行了检验，研究结论仍基本保持不变，结果见表 3-11。

$$DOCI_{i,t} = \alpha_0 + \alpha_1 SIZE_{i,t} + \alpha_2 LEV_{i,t} + \alpha_3 GROWTH_{i,t} + \alpha_4 BM_{i,t} + \varepsilon_{i,t} \tag{3-11}$$

表 3-9　　其他综合收益披露影响因素的 Logit 回归

变量名	模型（3-11）	
	系数	Z 值
SIZE	0.754***	29.15
LEV	-0.630***	-5.01
GROWTH	-0.125***	-6.53
BM	-0.765***	-7.45
_cons	-15.618***	-29.54
样本量	11223	
LR chi2（4）	1294.65	
Pseudo R^2	0.0864	

注：*、**、*** 分别表示在 10%、5%、1% 的水平上显著。

表 3-10　　倾向得分匹配的平衡性检验

变量	均值		处理组与控制组的差异（%）	均值 T 检验	
	处理组	控制组		T 值	P 值
SIZE	22.657	22.661	-0.3	-0.20	0.841
LEV	0.451	0.454	-1.4	-0.82	0.414
GROWTH	0.383	0.393	-0.9	-0.58	0.565
BM	0.639	0.639	-0.0	-0.01	0.992

表 3-11　　PSM 后基本模型回归结果

变量名	因变量：$CAR_{[-10,10]}$
SUE	0.002** (2.285)
SUE × OCI	-0.075** (-2.238)
SIZE	-0.005*** (-3.262)
ROE	0.018*** (2.609)
LEV	-0.023*** (-3.010)

续表

变量名	因变量：$CAR_{[-10,10]}$
LOSS	0.009 (1.610)
GROWTH	0.004*** (3.087)
persist	-0.002*** (-2.735)
FOLLOW	0.005*** (3.309)
ICQ	0.006*** (3.873)
Beta	-0.004 (-0.915)
BM	0.051*** (7.435)
IND	控制
YEAR	控制
_cons	-0.123*** (-3.615)
N	9075
r2_a	0.143

注：回归系数已经过 White 异方差处理；*、**、*** 分别表示在 10%、5%、1% 的水平上显著。

二、处理效应模型

我国上市公司对 OCI 披露不规范，部分公司存在人为的选择性列报 OCI 的现象。列报 OCI 的动机和概率受企业规模、盈利状况以及企业成长性等因素的影响。若成长性差且企业规模较小，则更有动机掩盖企业真实的盈余状况，OCI 列报意愿下降。反之，具有成长性且业绩稳定的大型企业可能倾向于披露 OCI。因此，为避免模型中解释变量存在样本选择偏误而导致的内生性问题，本书引入 DOCI 作为处理变量，选择方程中引入公司规模（SIZE）、企业成长性（GROWTH）、每股公允价值变动损益的波动（fv_sd）① 和账面市值比（BM），并控制行业效应，建立处理效应模型进行两阶段分析。具体处理效应模型为：

$$Pr\{DOCI = 1\} = \alpha_0 + \alpha_1 SIZE_{i,t} + \alpha_2 GROWTH_{i,t} + \alpha_3 fv\_sd_{i,t} + \alpha_4 BM_{i,t} + \alpha_5 \sum IND + \varepsilon_{i,t} \quad (3-12)$$

$$\begin{aligned} CAR_{[-10,10]} = & \alpha_0 + \alpha_1 SUE_{i,t} + \alpha_2 OCI_{i,t} \times SUE_{i,t} + \alpha_3 DOCI_{i,t} \\ & + \alpha_4 SIZE_{i,t} + \alpha_5 ROE_{i,t} + \alpha_6 LEV_{i,t} + \alpha_7 LOSS_{i,t} \\ & + \alpha_8 GROWTH_{i,t} + \alpha_9 persist_{i,t} + \alpha_{10} FOLLOW_{i,t} \\ & + \alpha_{11} ICQ_{i,t} + \alpha_{12} Beta_{i,t} + \alpha_{13} BM_{i,t} + \alpha_{14} \sum IND \\ & + \alpha_{15} \sum YEAR + \varepsilon_{i,t} \end{aligned} \quad (3-13)$$

从处理效应模型两阶段分析（见表 3－12）可以看出：（1）公司规模越大、账面市值比越低，每股公允价值变动损益具有波动性的企业，越倾向于列报 OCI，反之，则越倾向于不列报 OCI；（2）模型（3－12）对应的 lambda 值为 0.026，且在 5% 水平上显著。模型（3－13）中，DOCI 的回归系数为 －0.044，且在 5% 水平上显著，经过处理效应模型两阶段分析后，模型中所有解释变量回归系数符号不变，且显著性仍然很强。这说明在控制了可能的样本选择偏误造成的内生性后，本书研究结论基本不变。

表 3－12　　处理效应模型回归结果

变量名	模型（3－13）（因变量：$CAR_{[-10,10]}$）
SUE	0.002** (2.168)
SUE × OCI	－0.079* (－1.720)
DOCI	－0.044** (－2.377)

① 以第 t 年每股公允价值变动损益为基础，计算连续三年的滚动标准差。

续表

变量名	模型（3-13）（因变量：$CAR_{[-10,10]}$）
SIZE	0.002 (0.714)
ROE	0.022*** (3.042)
LEV	-0.019** (-2.130)
LOSS	0.009 (1.485)
GROWTH	0.004*** (2.853)
persist	-0.002* (-1.723)
FOLLOW	0.007*** (3.861)
ICQ	0.006*** (3.663)
Beta	-0.014*** (-2.670)
BM	0.044*** (5.253)
IND	控制
YEAR	控制
_cons	-0.256*** (-4.098)

处理效应方程：

变量名	模型（3-12）（因变量：DOCI）
SIZE	0.484*** (25.664)
GROWTH	-0.049*** (-2.859)

续表

变量名	模型（3-12）（因变量：DOCI）
fv_sd	10.261*** (8.824)
BM	-0.570*** (-6.650)
IND	控制
_cons	-10.539*** (-25.149)
hazard：	
lambda	0.026** (2.327)
N	6573

注：*、**、*** 分别表示在 10%、5%、1% 的水平上显著。

第五节　稳健性检验

为确保研究结论可靠，我们进行了如下稳健性检验（见表 3-13）：

（1）进行多重共线性检验。为避免模型解释变量间可能的严重多重共线性对回归结果的影响，我们通过计算出的各解释变量和控制变量的差膨胀因子值（VIF）进行检验发现，每个变量的 VIF 低于 3.5，Mean VIF 为 2.67，排除了严重多重共线的可能性。

（2）改变因变量和主要解释变量的测度标准。首先，变更事件窗口期，重新度量因变量。为降低 OCI 列报市场反应的噪音干扰，我们将事件窗口期由［-10，10］调整为［-2，2］，在此基础上计算出 $CAR_{[-2,2]}$，重新对模型进行检验，研究结论基本不变。其次，变更 OCI 的度量。分别用 OCI 的变化额除以期末实收资本或股本（delta_OCI①）、第 t 期其他综合收益总额除以第 t 期销售收入总额（OCI_R）来替代原 OCI 的度量，实证

① （第 t 年其他综合收益总额-第 t-1 年其他综合收益总额）/第 t 年末实收资本（或股本）。

检验结果基本保持不变。

（3）替换部分控制变量。本书同时将控制变量企业规模（SIZE）替换为期末总资产的自然对数（SCALE），ROE 替换为第 t－1 年净利润/平均资产总额（即资产收益率 ROA），资产负债率（LEV）替换为流动比率（liquidity_ratio），盈余持续性（persist）替换为企业非营业利润总额在净利润中的占比（LAST），重新对模型进行检验，结论依然显著成立。

（4）采用双向固定效应模型。本书同时考虑个体效应和时间效应，进一步采用双向固定效应模型进行检验，回归系数符号不变，且显著性仍然很强，研究结论基本不变。

表 3－13　稳健性检验结果汇总表

变量名	更换事件窗口期	变更 OCI 的度量		替换控制变量	双向固定效应模型
	$CAR_{[-2,2]}$	$CAR_{[-10,10]}$	$CAR_{[-10,10]}$	$CAR_{[-10,10]}$	$CAR_{[-10,10]}$
SUE	0.002*** (4.898)	0.002** (2.244)	0.002** (2.429)	0.002** (2.092)	0.002** (2.221)
SUE×OCI	−0.052** (−2.169)			−0.078** (−2.272)	−0.100** (−2.535)
SUE×delta_OCI		−0.007*** (−3.103)			
SUE×OCI_R			−0.001** (−2.207)		
SIZE	−0.000 (−0.582)	−0.005*** (−2.884)	−0.004*** (−2.789)		−0.020*** (−3.502)
SCALE				−0.006*** (−4.815)	
ROE	0.009*** (3.348)	0.018** (2.409)	0.016** (2.129)		0.008 (0.716)
ROA				0.075** (2.373)	

续表

变量名	更换事件窗口期	变更 OCI 的度量		替换控制变量	双向固定效应模型
	$CAR_{[-2,2]}$	$CAR_{[-10,10]}$	$CAR_{[-10,10]}$	$CAR_{[-10,10]}$	$CAR_{[-10,10]}$
LEV	-0.011*** (-2.825)	-0.019** (-2.186)	-0.023*** (-3.027)		-0.017 (-1.043)
liquidity_ratio				0.000 (1.632)	
LOSS	0.004 (1.348)	0.011* (1.856)	0.007 (1.406)	0.008 (1.530)	0.009 (1.444)
GROWTH	0.002*** (3.539)	0.005*** (3.262)	0.004*** (3.210)	0.004*** (3.132)	0.004** (2.301)
persist	-0.001** (-2.066)	-0.002* (-1.960)	-0.002** (-2.363)		-0.001 (-1.251)
LAST				-0.000* (-1.665)	
FOLLOW	0.003*** (3.542)	0.004*** (2.629)	0.005*** (3.213)	0.005*** (3.282)	0.006** (2.291)
ICQ	0.004*** (4.894)	0.005** (2.520)	0.006*** (3.867)	0.007*** (3.946)	0.007*** (3.374)
Beta	0.001 (0.512)	-0.012** (-2.526)	-0.006 (-1.327)	-0.006 (-1.339)	-0.005 (-0.873)
BM	0.008*** (2.684)	0.045*** (4.483)	0.043*** (5.154)	0.036*** (5.449)	0.103*** (3.867)
IND	控制	控制	控制	控制	控制
YEAR	控制	控制	控制	控制	控制
_cons	-0.062*** (-4.105)	-0.098*** (-2.727)	-0.136*** (-4.346)	-0.105*** (-3.539)	0.161 (1.439)
N	9358	7706	9472	9472	9472
r2_a	0.052	0.120	0.143	0.143	0.164

注：回归系数已经过 White 异方差处理；*、**、*** 分别表示在 10%、5%、1% 的水平上显著。

本章小结

会计信息披露会影响资源配置效率，是资本市场高质量发展的基石，因而提升会计信息有用性是现阶段推动我国经济高质量发展的内在要求。本书以 ERC 为研究工具，实证检验了年报中 OCI 列报对投资者超额报酬的影响，并对其内在作用机理进行了探讨。研究结果表明，OCI 与 ERC 显著负相关，这可能与其他综合收益导致投资者对企业未来盈余及其持续性的保守估计和投资者认知能力不足有关。进一步研究发现，当提供审计服务的会计师事务所不是来自四大，股东关联度高或高管持股比例高时，OCI 与 ERC 的负向关系更显著，说明内部治理水平下降和外部监督机制“失灵”加剧了两者的负向作用。2014 年 OCI 准则列报要求变更后该作用更显著，且在机构投资者持股比例低组中更显著，说明会计制度变迁和投资者认知能力是影响其他综合收益信息含量的重要因素。本章还进一步从 OCI 与未预期盈余波动以及 OCI 与盈余持续性的关系两个方面进行了内在机理检验：一方面，OCI 会使投资者改变对企业未来盈余的预期，加大未预期盈余的波动；另一方面，OCI 列报降低了盈余持续性，进一步加剧了盈余持续性对 ERC 的负面影响。

此外，本章的研究结论仅说明 OCI 列报对投资者的市场反应，并未否定准则中 OCI 列报变更的作用。因为会计准则中 OCI 列报变更目的是提升会计信息的整体有用性，该整体有用性是针对所有会计信息使用者（包括投资者、债权人、政府部门等）而非仅仅是投资者，而且将 OCI 与净利润分开列报，以此突出包括净利润信息在内的其他会计信息的有用性，有利于提升会计信息整体信息含量。

第四章　其他综合收益对银行信贷决策的影响

提升会计信息对报表使用者的决策有用性是会计改革的重要原因，国内外学者围绕 OCI 的决策有用性和信息含量进行了广泛研究，以 OCI 对投资者的决策有用性和信息含量研究居多（Easton and Zhang，2017；Stefania and Olga，2018；Park，2018；Wang et al.，2019；Cao and Dong，2020；杨有红和闫珍丽，2018；王艳和谢获宝，2018；田昆儒和田雪丰，2019；李梓，2019；苏洋等，2020），但对 OCI 与债权人决策的关注相对较少（欧阳爱平和郑超，2014；Bao et al.，2020），细化研究 OCI 与银行信贷决策的文献更少。现有少量将综合收益（包括 OCI）和银行信贷相结合的研究中，绝大部分研究仅涉及贷款规模和贷款期限结构的探讨（欧阳爱平和郑超，2014；谢获宝和郭方醇，2014），研究深度有待挖掘，且未对信用贷款和担保贷款进行区分。少量研究关注了会计信息与贷款性质结构[①]的关系（刘浩等，2010；徐玉德和陈骏，2011），但均以概括的信息质量作为研究对象，未具体到某一会计信息对信贷决策影响，缺乏 OCI、银行信用贷款和贷款性质结构方面的细化研究。银行作为企业最重要的信息使用者之一，与企业间的信息不对称程度可能比股东更严重，更易引发“逆向选择”与“道德风险”。不同性质的银行贷款，其风险最终承担对象有差异，对借款人的信息需求有显著不同（刘浩，2010）。相对担保贷款而言，信用贷款方式下银行面临的不确定性较大，银行承担了较大的信贷风险。会计信息

① 银行贷款按发放条件可分为信用贷款、担保贷款（包括：保证贷款、抵押贷款和质押贷款）和票据贴现三大类。由于这三种贷款方式体现的贷款性质迥异，因此，本书借用刘浩等（2010）在《谁能获得“信用贷款”？——贷款性质结构与会计信息质量关系研究》一文的提法，将不同银行贷款方式对应的贷款结构称为“贷款性质结构”。

是债权人信贷决策的重要依据，在传统的净利润基础上新增的 OCI 是否对银行信用贷款决策有影响？本章从信贷规模、贷款成本、贷款性质结构和贷款期限结构四个方面展开实证研究，以验证债权人（银行）视角下 OCI 的信息含量及其具体的作用机理。

第一节　理论分析与研究假设

在金融市场中，银企之间资金借贷存在严重的信息不对称，价格机制由于容易引发逆向选择而无法成为资源配置的标准，因而银行信贷决策必须依赖于其他替代机制来降低信息不对称程度，优化信贷资源配置。会计信息可降低银企之间的信息不对称程度，减少逆向选择和道德风险的发生概率，是信贷决策的重要信息来源，有助于银行预测债务企业经营业绩、违约风险及破产概率。会计信息贯穿债务契约签订、监督与执行的全过程，在银行信贷资源配置中发挥重要作用。

一、其他综合收益对银行信贷决策的影响

一方面，在严重信息不对称情况下，银行更加关注债务企业的最低价值，对稳健性会计的需求较高。具备信息优势的债务人可能基于自身利益而蓄意采取有损银行利益的行为而引发道德风险。例如，投资于高风险项目，使得银行承担较高风险却未能得到风险补偿的可能性增加。另一方面，银行信贷决策必须评估债务人发展潜力、经营业绩和信贷风险，其决策有效与否在很大程度上取决于对债务人未来现金流的估计。银行更加关注企业未来财务状况，以利于预测企业未来偿债能力和盈利能力，评估企业信贷风险，做出合理的信贷决策。因而对企业会计信息的全面性、及时性、预测性和相关性需求逐步增强。

OCI 迎合了银行对全面、及时、预测性和价值相关信息的需要，体现在以下几个方面：其一，OCI 主要反映以公允价值计量的资产和负债的价

值变动。无论公允价值上升或下降，均全面予以反映，相对于历史成本计量下只反映价值下降不反映上升，在净利润基础上增加披露 OCI 使得会计信息更加充分和全面，且无需等待利得和损失的实现，OCI 在业务发生时就予以确认，提高了会计信息的及时性（葛家澍，2004）。OCI 代表企业未实现但未来期间可转化为现实损益的潜力，相对净利润更具有前瞻性和债务契约有用性。OCI 提供了除净利润之外的反映公司长期业绩的信息（杨有红，2018）。其二，OCI 信息披露改进使得会计信息更加透明，同时可以吸引更多的分析师跟踪，降低信息不对称程度，提高盈余透明度（杨有红，2018），有利于识别管理层利用 OCI 实施盈余管理行为（Maines and Mcdaniel，2000）。其三，OCI 对收益和损失的确认更加及时、全面，能更加迅速捕捉债务人面临的风险状况，及时向债权人传递有关债务人违约风险的信号，有助于银行及时调整信贷决策或变更债务契约。

然而，OCI 也为银行信用贷款决策带来了新的信息风险。其集中体现在三个方面：第一，OCI 引入的公允价值计量增加了盈余的波动性，企业 OCI 金额越大，未来会计盈余波动性则越强，增加了银行对债务人未来现金流预测的不确定性。再者，OCI 的信息披露还会提高银行对债务企业收益不稳定性和高风险的认知，减少银行信用贷款。第二，OCI 为部分企业实施盈余管理甚至利润操纵创造机会（王艳和谢获宝，2018），利用 OCI 进行盈余操纵使得会计信息可靠性下降，在一定程度上会对银行信贷决策造成负面干扰。第三，实务中，OCI 以公允价值计量会引入计量误差，无论是会计人员正常的估计误差，还是管理层机会主义导致的偏误，均带来信息风险。以上三个方面带来的信息风险会影响盈余信息的可靠性，进而降低其在债务契约中的作用，对银行信用贷款决策造成一定干扰。

综上所述，OCI 一方面迎合了银行对全面性、及时性、预测性等价值相关性信息需求；另一方面 OCI 带来的银行信贷决策信息风险可能会降低其信息作用的发挥。然而，银行作为专门的金融机构，为信贷业务配备了极具专业性的从业人员，对于企业 OCI 的信息解读和应用具备专业优势，应能最大限度地降低 OCI 带来的信息干扰，从中提取决策有用的信息。银行贷款按发放条件可分为信用贷款、担保贷款（包括：保证贷款、抵押贷款和质押贷款）和票据贴现三大类。银行信用贷款仅依据借款人自身信誉而发放，且以借款人信用程度作为还款保证，无需债务人提供抵押品或第三方担保。相对担保贷款而言，信用贷款方式下银行承担了较大的信贷风险，必须充分掌握相关信息以便对全面评估借款人的财务状况、盈利能力和偿债能力，最大限度地降低信贷风险。银行贷款类型决策与银行信贷规模、贷款利率和贷款期限决策一样，也是综合权衡收益与风险后的结果。OCI 应能显著影响银行信贷规模、贷款成本、贷款性质结构和贷款期限结构，但 OCI 对银行信贷决策的影响受以上正反两个方面特征共同作用，其正负作用抵消后的净影响才最终决定 OCI 与银行信贷规模、贷款成本、贷款性质结构和贷款期限结构相关性的方向。因而，从理论上看，OCI 会影响信贷规模、贷款成本、贷款性质结构和贷款期限结构，但影响的方向具有不确定性，需要实证数据加以检验。因此，本书提出假设 H4－1a、H4－1b、H4－2a、H4－2b、H4－3a、H4－3b、H4－4a 和 H4－4b。

假设 H4－1a：其他综合收益会影响信贷规模，且两者显著正相关。

假设 H4－1b：其他综合收益会影响信贷规模，且两者显著负相关。

假设 H4－2a：其他综合收益会影响贷款成本，且两者显著正相关。

假设 H4－2b：其他综合收益会影响贷款成本，且两者显著负相关。

假设 H4－3a：其他综合收益会影响贷款性质结构，且其他综合收益与银行信用贷款比例显著正相关。

假设 H4－3b：其他综合收益会影响贷款性质结构，且其他综合收益与银行信用贷款比例显著负相关。

假设 H4－4a：其他综合收益会影响贷款期限结构，且其他综合收益与长期贷款比例显著正相关。

假设 H4－4b：其他综合收益会影响贷款期限结构，且其他综合收益与长期贷款比例显著负相关。

二、公司治理的调节作用

银行信贷决策除了受会计信息影响外，还受公司内外部治理水平的影响。公司内外部治理水平的重要衡量指标有独立董事比例、总经理与董事长“二职合一”和机构投资者持股比例等（高凤莲和王志强，2016）。代理理论认为，只有建立一个健全有效的内外部监督机制才能有效解决代理过程中出现的道德风险与逆向选择。

高管持股比例是企业内部治理水平的重要衡量指标。保持高管层一定比例持股一方面能提升高管层归属感、使命感和工作积极性，有利于形成企业发展合力。但是另一方面使得高管层更容易、更有动机为了获得银行信用贷款，以所谓公司利益为借口形成合谋，隐瞒经营过程中的各项风险，进行盈余管理甚至财务操纵，影响会计信息质量。

董事会作为公司治理的核心，在协调各利益相关者关系和重要战略决策等方面发挥重要作用。总经理与董事长“二职合一”（即总经理与董事长由同一人担任）会严重影响董事会独立性，难以发挥董事会应有的监督职能。身兼两职的总经理权力过度膨胀，会阻碍企业监督机制的有效运行，进而降低企业经营效率，极可能为了个人私利损害企业长远利益，进行盈余操纵甚至造成公司违法违规，不能有效披露企业管理中的风险及财务信息，使得信息不对称程度加大，损害会计信息披露质量（王斌和梁欣欣，2008；徐良果等，2012）。而会计信息是信贷决策的重要信息来源，会计信息质量会直接影响信贷决策的有效性。特别是当公司面临财务困难时，公司为了获得银行信用贷款，更有动机隐瞒企业不良财务信息，而总经理与董事长“二职合一”为企业盈余管理甚至财务舞弊创造了便利。

与一般投资者相比，机构投资者持股比例提升能发挥公司治理作用：一方面，机构投资者持股比例较高可提升整体谈判能力，更容易达成一致行动，则更有能力和动机对管理层进行有效监管（Bradley et al.，2010），缓解代理冲突，极大地降低信息不对称程度（李争光等，2014）；另一方面，机构投资者更加专业和敏感，信息解读能力较强，更容易发现企业管理层的盈余管理行为，在一定程度上能抑制企业盈余操纵，提高会计信息质量。且较高的机构投资者持股比例可以向外部信息使用者传递公司质量较高的信号（Mallin，2012），有利于吸引更多外部资金，特别是良好的公司信用评价和感知，有利于企业获得更多银行信用贷款。

综上所述，内外部治理水平较差的企业更有动机隐瞒坏消息，一旦坏消息被债权人知情，则可能影响银行贷款决策，导致银行信用贷款比例的下降。相反，更好的内外部治理水平则会减少这种现象的发生。本书认为企业内外部治理水平的高低对其他综合收益与银行信用贷款决策的影响具有调节作用。因此，提出以下假设：

假设 H4－5：企业内外部治理水平越高，其他综合收益对银行信贷决策（信贷规模、贷款成本、贷款性质结构和贷款期限结构）的影响越显著。

假设 H4－5a：高管持股比例越低，则其他综合收益对银行信贷决策（信贷规模、贷款成本、贷款性质结构和贷款期限结构）的影响越显著。

假设 H4－5b：当总经理与董事长“二职分置”时，其他综合收益对银行信贷决策（信贷规模、贷款成本、贷款性质结构和贷款期限结构）的影响更显著。

假设 H4－5c：企业机构投资者持股比例越高，则其他综合收益对银行信贷决策（信贷规模、贷款成本、贷款性质结构和贷款期限结构）的影响越显著。

第二节 研究设计

一、样本获取与数据来源

本章选取了 2012～2018 年我国沪深 A 股上市公司数据为样本，研究 OCI 对银行贷款决策（包括信贷规模、贷款成本、贷款期限结构和贷款性质结构）的影响。样本具体筛选如下：（1）剔除金融保险类行业的上市公司样本；（2）剔除部分数据严重缺失的观测值；（3）剔除部分异常数据。样本数据来自 CSMAR 数据库，并与锐思（RESSET）金融研究数据库的部分数据进行了核对，最后得到本书研究的 9597 个观测值（其中，2012 年 1329 个，2013 年 1305 个，2014 年 1392 个，2015 年 1402 个，2016 年 1393

个，2017 年 1392 个以及 2018 年 1384 个）。运用 Excel 和 Stata 15.1 进行相关统计分析。

二、变量定义

（一）被解释变量

为考察 OCI 在银行信贷决策中的信息含量，本书设置了信贷规模（Tloan）、贷款成本（COST）、银行信用贷款比例（CREDITLOAN）和银行长期贷款比例（Lloan）作为被解释变量，分别考察 OCI 对银行信贷规模、贷款成本、贷款性质结构和贷款期限结构的影响。具体定义如下：（1）信贷规模（Tloan）为企业第 t 年末借款总额除以第 t 年末总资产，以消除规模影响。（2）贷款成本（COST）是企业获得银行贷款而付出的代价，包括支付的利息、手续费和各项交易费等。一般用年均利息率来衡量。本书在年均利息率加 1 的基础上取自然对数计算出贷款成本。（3）银行贷款按发放条件可分为信用贷款、担保贷款（包括：保证贷款、抵押贷款和质押贷款）和票据贴现三大类。信用贷款是指无需提供担保，仅凭债务人的信誉而发放的贷款，并以债务人信用程度作为还款保证。相对而言，信用贷款无需任何担保，银行承担的信贷风险较大。为考察 OCI 对贷款性质结构的影响，本书将银行信用贷款比例（CREDITLOAN）定义为第 t 年银行信用借款在银行借款总额中所占的比重。银行贷款按偿还期限划分有长短期贷款之分，本书以长期借款在长短期借款中的比重来衡量银行长期贷款比例（Lloan）。

（二）解释变量

银行信贷决策不仅受当期会计信息的影响，还可能结合近期会计信息在风险与收益权衡的基础上进行综合考量，因此，本书构建模型时主要以当期 OCI 为解释变量，同时考虑了滞后一期 OCI 的可能影响。其他综合收益（OCI）具体定义时用当期其他综合收益总额除以期末资产总额以消除规模影响。

（三）控制变量

会计信息是银行信贷决策的重要信息来源（Williamson，1985），信贷人员对主营业务收入和利润、货币资金、固定资产，经营活动现金流、资产负债率、盈利能力指标重视程度较高（饶艳超和胡奕明，2005）。在我国特殊的制度背景下，产权制度是影响银行信贷资金配置效率的重要方面（孙铮等，2006）。企业风险承担能力和企业信用水平的高低也是影响银行信贷决策的重要方面。另外，在参照孙铮等（2005）、陆正飞等（2008）、刘浩等（2010）和徐玉德等（2011）的指标选取基础上，结合本书研究的特殊性，选取了企业规模（SCALE）、所有权性质（OWNER）、净资产收益率（ROE）、审计意见（AUDIT）、信用保障程度（TRADE）、自有资金充裕程度（CFIO）、筹资费用负担水平（FCOST）、收益波动性（ROE_sd）、流动比率（CURRENT）、企业成长性（GROWTH）、资产负债率（LEV）、清算价值比率（LIVA）和盈余持续性（Persist）等作为控制变量，并控制了行业和年度效应。

（四）调节变量

本书选取高管持股比例（DMANS）、是否“二职合一”（DUAL）和机构投资者持股比例（DINSTT）作为调节变量，分组检验企业内外部治理水平不同情境下 OCI 对贷款性质结构的影响。高管持股比例高于行业年度均值的，赋值为 1，否则，赋值为 0。当董事长与总经理由同一人担任时，赋值为 1，“二职分置”，赋值为 0。机构投资者持股比例高于行业年度均值的，赋值为 1，否则，赋值为 0。各变量具体定义如表 4－1 所示。

表 4－1　　主要变量定义

变量类型	变量名称	变量符号	变量描述
被解释变量	信贷规模	Tloan	第 t 年借款总额/期末总资产
	贷款成本	COST	Ln（1＋第 t 年利息支出/第 t 年银行借款）
	银行信用贷款比例	CREDITLOAN	第 t 年银行信用借款在银行借款总额中所占的比重
	银行长期贷款比例	Lloan	第 t 年末长期借款/（长期借款＋短期借款）

续表

变量类型	变量名称	变量符号	变量描述
解释变量	其他综合收益	OCI	第 t-1 年其他综合收益总额/期末总资产
控制变量	企业规模	SCALE	第 t-1 年末总资产取自然对数
	所有权性质	OWNER	虚拟变量，若企业属于国有性质则为 1，否则为 0
	净资产收益率	ROE	第 t-1 年净利润/股东权益平均余额，其中，股东权益平均余额 =（股东权益期初余额 + 股东权益期末余额）/2
	审计意见	AUDIT	虚拟变量，若审计意见为标准无保留意见，则赋值为 0，否则赋值为 1
	信用保障程度	TRADE	第 t-1 年（预收账款 + 应付账款 + 应付票据）/期末资产总额
	自有资金充裕程度	CFIO	第 t-1 年（经营活动产生的现金流量净额 + 投资活动产生的现金流量净额）/期末总资产
	筹资费用负担水平	FCOST	第 t-1 年财务费用/第 t-1 年借款总额
	收益波动性	ROE_sd	以第 t-1 年净资产收益率为基础，计算连续三年的滚动标准差
	流动比率	CURRENT	第 t-1 年流动资产/第 t-1 年流动负债
	企业成长性	GROWTH	（第 t 年销售收入 - 第 t-1 年销售收入）/第 t 年销售收入
	资产收益率	ROA	第 t-1 年净利润/平均资产总额，其中，平均资产总额 =（期初总资产 + 期末总资产）/2
	资产负债率	LEV	第 t-1 年期末负债总额/第 t-1 年期末资产总额，控制企业长期偿债能力的影响
	清算价值比率	LIVA	第 t-1 年固定资产净额/期末总资产
	盈余持续性	Persist	（第 t 年利润总额 - 第 t 年营业利润）/第 t 年净利润，该指标越大说明企业盈余持续性越差
	行业	IND	虚拟变量，用来控制行业因素的影响
	年份	YEAR	虚拟变量，用来控制不同年度宏观经济的影响
调节变量	高管持股比例	DMANS	高管持股比例高于行业年度均值的，赋值为 1，否则，赋值为 0
	是否“二职合一”	DUAL	董事长与总经理“二职合一”，赋值为 1，否则，赋值为 0
	机构投资者持股比例	DINSTT	机构投资者持股比例高于行业年度均值的，赋值为 1，否则，赋值为 0

三、模型设定

本书借鉴了孙铮等（2006）、刘浩等（2010）和徐玉德等（2011）的模型设计思想，结合本书的研究目的，以第 t 期银行信贷规模（Tloan）、贷款成本（COST）、银行信用贷款比例（CREDITLOAN）和银行长期贷款比例（Lloan）作为被解释变量，第 t－1 期、第 t－2 期 OCI 作为被解释变量，引入公司基本面情况的相关控制变量，并在控制行业和年份的基础上分别设计模型如下：

$$\begin{aligned}Tloan_{i,t} = {} & \alpha_0 + \alpha_1 OCI_{i,t-1} + \alpha_2 SCALE_{i,t-1} + \alpha_3 OWNER_{i,t-1} \\ & + \alpha_4 ROE_{i,t-1} + \alpha_5 AUDIT_{i,t-1} + \alpha_6 TRADE_{i,t-1} \\ & + \alpha_7 CFIO_{i,t-1} + \alpha_8 FCOST_{i,t-1} + \alpha_9 \sum IND \\ & + \alpha_{10} \sum YEAR + \varepsilon_{i,t}\end{aligned} \tag{4-1}$$

$$\begin{aligned}COST_{i,t} = {} & \alpha_0 + \alpha_1 OCI_{i,t-1} + \alpha_2 SCALE_{i,t-1} + \alpha_3 OWNER_{i,t-1} \\ & + \alpha_4 ROE_{i,t-1} + \alpha_5 ROE\_sd_{i,t-1} + \alpha_6 CURRENT_{i,t-1} \\ & + \alpha_7 GROWTH_{i,t-1} + \alpha_8 CFIO_{i,t-1} + \alpha_9 FCOST_{i,t-1} \\ & + \alpha_{10} \sum IND + \alpha_{11} \sum YEAR + \varepsilon_{i,t}\end{aligned} \tag{4-2}$$

$$\begin{aligned}CREDITLOAN_{i,t} = {} & \alpha_0 + \alpha_1 OCI_{i,t-1} + \alpha_2 SCALE_{i,t-1} + \alpha_3 ROA_{i,t-1} \\ & + \alpha_4 LEV_{i,t-1} + \alpha_5 OWNER_{i,t-1} + \alpha_6 TRADE_{i,t-1} \\ & + \alpha_7 AUDIT_{i,t-1} + \alpha_8 GROWTH_{i,t-1} \\ & + \alpha_9 CFIO_{i,t-1} + \alpha_{10} LIVA_{i,t-1} \\ & + \alpha_{11} \sum IND + \varepsilon_{i,t}\end{aligned} \tag{4-3}$$

$$\begin{aligned}Lloan_{i,t} = {} & \alpha_0 + \alpha_1 OCI_{i,t-2} + \alpha_2 SCALE_{i,t-1} + \alpha_3 OWNER_{i,t-1} \\ & + \alpha_4 CFIO_{i,t-1} + \alpha_5 TRADE_{i,t-1} + \alpha_6 GROWTH_{i,t-1} \\ & + \alpha_7 FCOST_{i,t-1} + \alpha_8 Persist_{i,t-1} + \alpha_9 \sum IND \\ & + \alpha_{10} \sum YEAR + \varepsilon_{i,t}\end{aligned} \tag{4-4}$$

第三节 实证结果与数据分析

一、描述性统计

从表4－2可以看出，信贷规模（Tloan）的均值为0.211，说明在企业总资产中，银行贷款比例较大，银行贷款筹资仍是我国企业重要的融资方式之一。中位数为0.193，标准差为0.145，但最小值（0）和最大值（0.834）差异较大，说明样本公司之间银行贷款规模差异较大。贷款成本（COST）的均值为0.074，中位数为0.059，标准差（0.135）虽然较小，但最小值（－0.265）和最大值（5.952）差异较大，说明样本公司之间贷款成本存在较大差异。信用贷款比例（CREDITLOAN）的均值为0.426，说明在企业贷款总额中，银行信用贷款比例较大，在银行信贷结构中占据越来越重要的位置；中位数为0.373，标准差为0.345，且最小值和最大值差异较大，说明样本公司之间银行信用贷款比例差异较大，对于贷款性质结构的研究具有必要性。长期贷款比例（Lloan）的均值为0.301，说明样本公司从银行取得的长短期贷款中，长期贷款平均占比达30%左右；中位数为0.191，标准差为0.317，但最小值（0）和最大值（1）差异较大，说明样本公司之间长期贷款比例差异较大。剔除规模效应后的OCI的标准差为0.017，最小值（－0.140）和最大值（0.968）之间差异较大，说明样本公司之间的OCI具有一定差异性。

表4－2　　主要变量的描述性统计分析

变量名	样本量	均值	中位数	标准差	最小值	最大值
Tloan	9597	0.211	0.193	0.145	0.000	0.834
COST	7973	0.074	0.059	0.135	－0.265	5.952
CREDITLOAN	8019	0.426	0.373	0.345	0.000	1.000
Lloan	9570	0.301	0.191	0.317	0.000	1.000
OCI	9597	0.000	0.000	0.017	－0.140	0.968

续表

变量名	样本量	均值	中位数	标准差	最小值	最大值
SCALE	9597	22.722	22.552	1.338	19.098	28.520
OWNER	9597	0.548	1.000	0.498	0.000	1.000
ROE	9595	0.053	0.065	0.224	-12.770	4.100
AUDIT	9597	0.030	0.000	0.171	0.000	1.000
TRADE	9597	0.171	0.142	0.121	0.000	0.737
CFIO	9597	-0.018	-0.011	0.100	-0.754	1.645
FCOST	9597	0.020	0.050	0.280	-2.166	0.709
ROE_sd	9592	0.066	0.025	0.185	0.000	9.070
CURRENT	9597	1.620	1.331	1.358	0.079	36.280
GROWTH	9503	0.263	0.095	2.044	-0.950	84.992
ROA	9597	0.031	0.029	0.065	-1.859	0.517
LEV	9597	0.509	0.509	0.185	0.019	0.960
LIVA	9597	0.246	0.208	0.180	0.000	0.948
Persist	9583	0.536	0.053	1.298	-1.530	9.710

二、回归结果分析

（一）基本回归结果分析

表4-3报告了模型（4-1）到模型（4-4）的检验结果，在控制相关变量后，OCI与信贷规模（Tloan）在5%的水平下显著负相关，回归系数为-0.290，调整的R^2为20.4%，模型的拟合优度较好，该结果支持了假设H4-1b。OCI与信贷成本（COST）在10%的水平下显著正相关，回归系数为0.095，调整的R^2为30.3%，模型的拟合优度较好，该结果支持了假设H4-2a。OCI与银行信用贷款比例（CREDITLOAN）在10%的水平下显著正相关，回归系数为0.288，调整的R^2为13.6%，模型的拟合优度较好，该结果支持了假设H4-3a。第t-2期OCI（L.OCI）与贷款期限结构在5%的水平下显著负相关，回归系数为-0.816，调整的R^2为31.2%，模型的拟合优度较好，该结果支持了假设H4-4b。表4-3的回归结果表

明，其他综合收益显著影响信贷规模、信贷成本、贷款性质结构和贷款期限结构，OCI 在银行信贷决策中具有信息含量。

此外，从控制变量的回归结果可以看出，企业规模（SCALE）、净资产收益率（ROE）、信用保障程度（TRADE）、自有资金充裕程度（CFIO）、筹资费用负担水平（FCOST）等指标均显著性较强，且所有控制变量系数符号均符合预期，回归结果很好地支持了会计信息具有信贷决策有用性的观点。

表 4-3　其他综合收益对银行信贷决策影响的基本回归结果

变量名	因变量：Tloan	COST	CREDITLOAN	Lloan
	模型 4-1	模型 4-2	模型 4-3	模型 4-4
OCI	-0.290** (-2.327)	0.095* (1.651)	0.288* (1.722)	
L.OCI				-0.816** (-2.403)
SCALE	0.027*** (20.930)	0.003*** (3.308)	0.039*** (11.857)	0.051*** (17.851)
OWNER	0.005 (1.613)	-0.002 (-0.835)	0.143*** (17.187)	0.055*** (7.429)
ROE	-0.192*** (-10.005)	0.029** (2.311)		
AUDIT	0.060*** (4.871)		-0.045* (-1.906)	
TRADE	-0.230*** (-17.502)		0.386*** (9.707)	-0.323*** (-10.101)
CFIO	-0.168*** (-9.882)	0.062*** (3.684)	0.074* (1.832)	-0.159*** (-4.220)
FCOST	0.000*** (5.049)	-0.005*** (-4.788)		-0.001*** (-8.692)
ROE_sd		0.027** (2.394)		
CURRENT		0.003** (2.147)		

续表

变量名	因变量：Tloan	COST	CREDITLOAN	Lloan
	模型 4 - 1	模型 4 - 2	模型 4 - 3	模型 4 - 4
GROWTH		-0.000** (-2.213)	-0.004** (-2.257)	-0.000 (-0.238)
ROA			0.161* (1.886)	
LEV			-0.565*** (-19.019)	
LIVA			0.066** (2.540)	
Persist				-0.001* (-1.806)
IND	控制	控制	控制	控制
YEAR	控制	控制	未控制	控制
_cons	-0.302*** (-9.944)	-0.014 (-0.590)	-0.367*** (-5.131)	-0.849*** (-12.773)
N	7972	7884	7931	6454
r2_a	0.204	0.303	0.136	0.312

注：回归系数已经过 White 异方差处理；*、**、*** 分别表示在 10%、5%、1% 的水平上显著。

（二）分组回归结果分析

表 4 - 4 和表 4 - 5 列示了样本公司区分高管持股比例后，其他综合收益对银行信贷决策影响的回归结果。表 4 - 4 中列（1）和列（3）是高管持股比例高组的回归结果，列（2）和列（4）是高管持股比例低组的回归结果。在高管持股比例低时，列（2）显示 OCI 与信贷规模（Tloan）的回归系数为 -0.361，在 1% 的水平下显著。列（4）显示 OCI 与信贷成本（COST）的回归系数为 0.130，在 5% 的水平下显著。而在高管持股比例高时，列（1）和列（3）显示 OCI 的回归系数均不显著。表 4 - 5 中列（1）和列（3）是高管持股比例高组的回归结果，列（2）和列（4）是高管持股比例低组的回归结果。在高管持股比例低组中，列（2）显示 OCI 与银行信

用贷款比例（CREDITLOAN）的回归系数为0.365，在5%的水平下显著。列（4）显示第t-2期OCI与信贷成本（COST）的回归系数为-0.917，在1%的水平下显著。而在高管持股比例高组中，列（1）和列（3）显示OCI的回归系数均不显著。表4-4和表4-5的回归结果表明，高管持股比例越低，则其他综合收益对银行信贷决策（信贷规模、贷款成本、贷款性质结构和贷款期限结构）的影响越显著，该结果支持了假设H4-5a。

表4-4　　高管持股比例分组回归结果（信贷规模和贷款成本）

变量名	因变量：Tloan		因变量：COST	
	高组	低组	高组	低组
	(1)	(2)	(3)	(4)
OCI	0.175 (0.593)	-0.361*** (-2.712)	-0.140 (-1.247)	0.130** (2.020)
SCALE	0.019*** (5.380)	0.027*** (18.970)	0.007*** (3.036)	0.003** (2.313)
OWNER	0.026* (1.787)	-0.002 (-0.615)	-0.006 (-0.968)	-0.004 (-1.166)
ROE	-0.142*** (-4.395)	-0.198*** (-8.978)	0.009 (0.278)	0.028** (2.060)
AUDIT	0.027 (1.028)	0.066*** (4.844)		
TRADE	-0.075** (-2.407)	-0.256*** (-17.480)		
CFIO	-0.211*** (-7.093)	-0.165*** (-8.083)	0.011 (0.388)	0.074*** (3.703)
FCOST	0.000 (0.504)	0.000*** (6.703)	0.000 (1.033)	-0.005*** (-7.370)
ROE_sd			0.060** (2.166)	0.017 (1.436)
CURRENT			0.005** (2.019)	0.003* (1.769)
GROWTH			-0.001** (-2.299)	-0.000 (-0.945)

续表

变量名	因变量：Tloan		因变量：COST	
	高组	低组	高组	低组
	(1)	(2)	(3)	(4)
IND	控制	控制	控制	控制
Year	控制	控制	控制	控制
_cons	-0.170** (-2.161)	-0.283*** (-8.390)	-0.107** (-2.302)	0.001 (0.027)
N	1739	6233	1703	6181
r2_a	0.092	0.215	0.004	0.383

注：回归系数已经过 White 异方差处理；*、**、*** 分别表示在 10%、5%、1% 的水平上显著。

表 4-5　高管持股比例分组回归结果（贷款性质结构和贷款期限结构）

变量名	因变量：CREDITLOAN		因变量：Lloan	
	高组	低组	高组	低组
	(1)	(2)	(3)	(4)
OCI	-0.476 (-0.556)	0.365** (2.335)		
L.OCI			-0.135 (-0.115)	-0.917*** (-2.708)
SCALE	-0.014 (-1.400)	0.047*** (13.391)	0.027*** (3.329)	0.053*** (17.000)
ROA	0.063 (0.366)	0.223** (2.225)		
LEV	-0.676*** (-10.211)	-0.527*** (-15.796)		
OWNER	0.089** (2.479)	0.143*** (14.963)	0.088*** (2.633)	0.051*** (6.013)
TRADE	0.501*** (5.186)	0.352*** (8.029)	-0.164** (-2.161)	-0.340*** (-9.513)
AUDIT	-0.002 (-0.035)	-0.047* (-1.768)		
GROWTH	0.002 (0.927)	-0.005*** (-3.468)	-0.000 (-0.299)	0.000 (0.114)

续表

变量名	因变量：CREDITLOAN		因变量：Lloan	
	高组	低组	高组	低组
	(1)	(2)	(3)	(4)
CFIO	-0.080 (-0.955)	0.112** (2.421)	-0.205*** (-2.655)	-0.160*** (-3.683)
LIVA	0.147** (2.011)	0.039 (1.414)		
FCOST			-0.016 (-1.426)	-0.001*** (-8.722)
Persist			-0.001*** (-4.228)	-0.000 (-1.201)
IND	控制	控制	控制	控制
YEAR	未控制	未控制	控制	控制
_cons	0.832*** (3.830)	-0.568*** (-7.370)	-0.439** (-2.432)	-0.859*** (-11.709)
N	1709	6222	1381	5073
r2_a	0.095	0.150	0.086	0.328

注：回归系数已经过 White 异方差处理；*、**、*** 分别表示在 10%、5%、1% 的水平上显著。

表4-6和表4-7列示了样本公司按是否“二职合一”分组后，其他综合收益对银行信贷决策影响的回归结果。表4-6中列（1）和列（3）是“二职合一”时的回归结果，列（2）和列（4）是“二职分置”时的回归结果。在“二职分置”时，列（2）显示OCI与信贷规模（Tloan）的回归系数为-0.422，在1%的水平下显著。列（4）显示OCI与信贷成本（COST）的回归系数为0.138，在5%的水平下显著。而在“二职合一”时，列（1）和列（3）显示OCI的回归系数均不显著。表4-7中列（1）和列（3）是“二职合一”时的回归结果，列（2）和列（4）是“二职分置”时的回归结果。在“二职分置”时，列（2）显示OCI与银行信用贷款比例（CREDITLOAN）的回归系数为0.334，在5%的水平下显著。列（4）显示第t-2期OCI与银行长期贷款比例（Lloan）的回归系数为-0.677，在5%的水平下显著。而在“二职合一”时，列（1）和列（3）

显示 OCI 和滞后一期 OCI 的回归系数均不显著。表 4 – 6 和表 4 – 7 的回归结果表明，当总经理与董事长“二职分置”时，其他综合收益对银行信贷决策（信贷规模、贷款成本、贷款性质结构和贷款期限结构）的影响更显著，该结果很好地支持了假设 H4 – 5b。

表 4 – 6　是否“二职合一”分组回归结果（信贷规模和贷款成本）

变量名	因变量：Tloan		因变量：COST	
	“二职合一”（是）	“二职合一”（否）	“二职合一”（是）	“二职合一”（否）
	(1)	(2)	(3)	(4)
OCI	0.472 (1.352)	-0.422*** (-3.060)	-0.150 (-1.457)	0.138** (2.124)
SCALE	0.034*** (12.336)	0.026*** (17.266)	0.000 (0.271)	0.004*** (3.444)
OWNER	0.008 (1.149)	0.006* (1.652)	-0.008*** (-2.811)	-0.001 (-0.178)
ROE	-0.269*** (-8.180)	-0.177*** (-8.210)	0.028 (1.094)	0.040*** (3.098)
AUDIT	0.055** (2.111)	0.069*** (5.015)		
TRADE	-0.229*** (-7.495)	-0.229*** (-15.555)		
CFIO	-0.178*** (-5.262)	-0.166*** (-8.503)	0.046 (0.917)	0.065*** (4.770)
FCOST	0.000*** (3.024)	0.000*** (4.969)	0.001 (0.749)	-0.005*** (-6.123)
ROE_sd			0.063** (2.356)	0.024** (2.240)
CURRENT			0.006* (1.881)	0.003 (1.471)
GROWTH			-0.001** (-1.982)	-0.000 (-1.237)
IND	控制	控制	控制	控制
Year	控制	控制	控制	控制

续表

变量名	因变量：Tloan		因变量：COST	
	“二职合一”（是）	“二职合一”（否）	“二职合一”（是）	“二职合一”（否）
	(1)	(2)	(3)	(4)
_cons	-0.422*** (-6.623)	-0.274*** (-7.918)	0.038 (1.018)	-0.024 (-0.843)
N	1705	6255	1671	6201
r2_a	0.217	0.204	0.022	0.380

注：回归系数已经过 White 异方差处理；*、**、*** 分别表示在 10%、5%、1% 的水平上显著。

表 4-7　是否“二职合一”分组回归结果（贷款性质结构和贷款期限结构）

变量名	因变量：CREDITLOAN		因变量：Lloan	
	“二职合一”（是）	“二职合一”（否）	“二职合一”（是）	“二职合一”（否）
	(1)	(2)	(3)	(4)
OCI	-0.614 (-0.965)	0.334** (2.051)		
L.OCI			-1.188 (-1.131)	-0.677** (-1.973)
SCALE	0.016** (1.988)	0.044*** (12.082)	0.052*** (8.239)	0.050*** (15.459)
ROA	0.471*** (2.656)	0.111 (1.141)		
LEV	-0.611*** (-9.543)	-0.536*** (-16.006)		
OWNER	0.122*** (6.230)	0.138*** (14.413)	0.009 (0.515)	0.064*** (7.493)
TRADE	0.276*** (3.079)	0.399*** (8.970)	-0.238*** (-3.416)	-0.335*** (-9.223)
AUDIT	-0.083* (-1.777)	-0.052* (-1.927)		
GROWTH	-0.002 (-0.441)	-0.005*** (-3.301)	-0.001 (-0.889)	0.000 (0.109)

续表

变量名	因变量：CREDITLOAN		因变量：Lloan	
	“二职合一”（是）	“二职合一”（否）	“二职合一”（是）	“二职合一”（否）
	(1)	(2)	(3)	(4)
CFIO	0.087 (1.054)	0.067 (1.433)	-0.182** (-2.245)	-0.156*** (-3.663)
LIVA	0.099 (1.598)	0.058** (2.009)		
FCOST			0.013*** (6.350)	-0.001*** (-8.689)
Persist			-0.002** (-2.374)	-0.000 (-1.544)
IND	控制	控制	控制	控制
YEAR	未控制	未控制	控制	控制
_cons	0.133 (0.782)	-0.478*** (-5.996)	-0.945*** (-6.507)	-0.809*** (-10.767)
N	1677	6242	1374	5080
r2_a	0.150	0.134	0.242	0.323

注：回归系数已经过 White 异方差处理；*、**、*** 分别表示在 10%、5%、1% 的水平上显著。

表 4-8 和表 4-9 列示了样本公司区分机构投资者持股比例后的回归结果。表 4-8 中列（1）和列（3）是机构投资者持股比例高组的回归结果，列（2）和列（4）是机构投资者持股比例低组的回归结果。在机构投资者持股比例高时，列（1）显示 OCI 与信贷规模（Tloan）的回归系数为 -0.354，在 5% 的水平下显著。列（3）显示 OCI 与信贷成本（COST）的回归系数为 0.219，在 1% 的水平下显著。而在机构投资者持股比例低时，列（1）和列（3）显示 OCI 的回归系数的绝对值明显下降，且均不显著。表 4-9 中列（1）和列（3）是机构投资者持股比例高组的回归结果，列（2）和列（4）是机构投资者持股比例低组的回归结果。在机构投资者持股比例高组中，列（1）显示 OCI 与银行信用贷款比例（CREDITLOAN）的回归系数为 0.388，在 1% 的水平下显著。列（3）显示滞后一期 OCI 与

银行长期贷款比例（Lloan）的回归系数为 -0.824，在10%的水平下显著。而在机构投资者持股比例较低时，列（2）和列（4）显示OCI和滞后一期OCI的回归系数均不显著。表4-8和表4-9的回归结果表明，企业机构投资者持股比例越高，则其他综合收益对银行信贷决策（信贷规模、贷款成本、贷款性质结构和贷款期限结构）的影响越显著，该回归结果支持了假设H4-5c。

表4-8　机构投资者持股分组回归结果（信贷规模和贷款成本）

变量名	因变量：Tloan		因变量：COST	
	高组	低组	高组	低组
	(1)	(2)	(3)	(4)
OCI	-0.354** (-2.160)	-0.285 (-1.564)	0.219*** (2.580)	0.002 (0.022)
SCALE	0.025*** (15.381)	0.040*** (16.835)	0.002 (1.526)	0.005*** (3.116)
OWNER	-0.011** (-2.352)	0.028*** (5.806)	0.001 (0.312)	-0.008*** (-3.341)
ROE	-0.202*** (-5.930)	-0.165*** (-8.431)	0.033* (1.762)	0.024 (1.428)
AUDIT	0.048** (2.563)	0.067*** (4.236)		
TRADE	-0.267*** (-15.246)	-0.168*** (-8.538)		
CFIO	-0.176*** (-6.794)	-0.143*** (-6.310)	0.062*** (3.772)	0.051** (2.039)
FCOST	0.000*** (6.651)	0.000 (0.528)	-0.005*** (-8.186)	0.001 (0.931)
ROE_sd			-0.001 (-0.077)	0.058*** (2.997)
CURRENT			0.003 (1.315)	0.005** (2.399)
GROWTH			-0.000 (-1.251)	-0.001** (-2.189)

续表

变量名	因变量：Tloan		因变量：COST	
	高组	低组	高组	低组
	(1)	(2)	(3)	(4)
IND	控制	控制	控制	控制
Year	控制	控制	控制	控制
_cons	-0.235 *** (-5.885)	-0.594 *** (-11.187)	0.008 (0.240)	-0.049 (-1.380)
N	4304	3668	4250	3634
r2_a	0.236	0.192	0.438	0.018

注：回归系数已经过 White 异方差处理；*、**、*** 分别表示在 10%、5%、1% 的水平上显著。

表 4-9　机构投资者持股分组回归结果（贷款性质结构和贷款期限结构）

变量名	因变量：CREDITLOAN		因变量：Lloan	
	高组	低组	高组	低组
	(1)	(2)	(3)	(4)
OCI	0.388 *** (2.868)	-0.012 (-0.028)		
L.OCI			-0.824 * (-1.746)	-0.644 (-1.398)
SCALE	0.042 *** (10.397)	0.012 ** (2.022)	0.051 *** (13.344)	0.039 *** (7.361)
ROA	0.175 (1.378)	0.075 (0.657)		
LEV	-0.505 *** (-12.174)	-0.572 *** (-13.164)		
OWNER	0.154 *** (13.044)	0.112 *** (9.101)	0.066 *** (6.229)	0.038 *** (3.610)
TRADE	0.370 *** (7.046)	0.330 *** (5.446)	-0.324 *** (-7.431)	-0.308 *** (-6.367)
AUDIT	-0.032 (-0.856)	-0.063 ** (-2.136)		

续表

变量名	因变量：CREDITLOAN		因变量：Lloan	
	高组	低组	高组	低组
	(1)	(2)	(3)	(4)
GROWTH	-0.006*** (-3.883)	0.002 (0.725)	0.000 (0.040)	-0.001 (-0.432)
CFIO	0.236*** (4.342)	-0.120** (-2.059)	-0.217*** (-4.169)	-0.103* (-1.882)
LIVA	0.076** (2.239)	0.038 (0.928)		
FCOST			-0.001*** (-9.495)	0.006 (1.084)
Persist			-0.000 (-0.265)	-0.001*** (-3.565)
IND	控制	控制	控制	控制
Year	未控制	未控制	控制	控制
_cons	-0.484*** (-5.300)	0.234* (1.780)	-0.780*** (-8.577)	-0.613*** (-5.320)
N	4272	3659	3496	2958
r2_a	0.169	0.092	0.348	0.197

注：回归系数已经过 White 异方差处理；*、**、*** 分别表示在 10%、5%、1% 的水平上显著。

三、进一步研究

（一）其他综合收益具有银行信贷决策信息含量的作用机理检验

本章理论分析认为，OCI 对银行信贷决策之所以具有信息含量，是由于受 OCI 正反两个方面特征共同作用影响的结果，本章实证检验了 OCI 的信贷决策有用性，并发现 OCI 信息披露与信贷规模和长期借款比例负相关，与信贷成本、银行信用贷款比例正相关。这一结果表明 OCI 影响银行信贷决策受正反两个方面的影响，但在不同的信贷决策类型时正反两个方面关注度不同，进而赋予的权重有差异，导致在具体信贷决策类型时，OCI 的净影响可能为正或者负。第三章已对 OCI 的负向效应进行了验证，因此，我们进一步对 OCI 的正向作用机理进行检验。首先，由于篇幅有限，本章选取贷款性质结构为例，对 OCI 披露导致信息透明度提升带来的中介效应进行检验。其次，对 OCI 的预测能力进行实证检验。

1. 信息透明度的中介效应检验

目前，盈余管理程度是衡量企业信息透明度的最广泛认同的指标，其中以应计盈余管理衡量居多。本书不仅对应计盈余管理在 OCI 的信用贷款决策中的影响机制进行了检验，还增加了真实盈余管理的中介效应检验。应计盈余管理（EM）在采用修正的琼斯（Jones）模型计算出操控性应计利润的基础上对其取绝对值来度量。考虑到企业可能同时进行生产、销售和费用环节的真实盈余管理，参照徐高彦和张悦（2021）的度量方法及相关计算公式，最后利用公式“真实盈余管理（REM）＝生产操控－销售操控－费用操控”计算出真实盈余管理（REM）。另外，本书还以证券交易所公布的信息披露考评结果来衡量企业的信息透明度。信息披露考评结果（GRADE）分为 A（优秀）、B（良好）、C（及格）和 D（不及格）四个等级，我们按等级由高到低分别赋值为 4、3、2、1。同时，以虚拟变量（DOCI）对其他综合收益进行度量，披露了 OCI 且不为 0 的，赋值为 1，否则赋值为 0。并从应计盈余管理、真实盈余管理和证券交易所公布的信息披露考评结果三个维度对信息透明度的中介效应进行检验，分别设计以下模型：

$$\begin{aligned}CREDITLOAN_{i,t} = {} & \alpha_0 + \alpha_1 DOCI_{i,t-1} + \alpha_2 ROA_{i,t-1} + \alpha_3 LEV_{i,t-1} \\ & + \alpha_4 OWNER_{i,t-1} + \alpha_5 TRADE_{i,t-1} + \alpha_6 AUDIT_{i,t-1} \\ & + \alpha_7 GROWTH_{i,t-1} + \alpha_8 CFIO_{i,t-1} + \alpha_9 LIVA_{i,t-1} \\ & + \alpha_{10} \sum IND + \alpha_{11} \sum YEAR + \varepsilon_{i,t}\end{aligned} \tag{4-5}$$

$$\begin{aligned}EM_{i,t} = {} & \alpha_0 + \alpha_1 DOCI_{i,t} + \alpha_2 SCALE_{i,t} + \alpha_3 ROA_{i,t} + \alpha_4 OWNER_{i,t} \\ & + \alpha_5 BIG4_{i,t} + \alpha_6 ICQ_{i,t} + \alpha_7 GROWTH_{i,t} + \alpha_8 LIVA_{i,t} \\ & + \alpha_9 \sum IND + \alpha_{10} \sum YEAR + \varepsilon_{i,t}\end{aligned} \tag{4-6}$$

$$REM_{i,t} = \alpha_0 + \alpha_1 DOCI_{i,t} + \alpha_2 SCALE_{i,t} + \alpha_3 ROA_{i,t} + \alpha_4 OWNER_{i,t} + \alpha_5 BIG4_{i,t} + \alpha_6 ICQ_{i,t} + \alpha_7 GROWTH_{i,t} + \alpha_8 LIVA_{i,t} + \alpha_9 \sum IND + \alpha_{10} \sum YEAR + \varepsilon_{i,t} \quad (4-7)$$

$$GRADE_{i,t} = \alpha_0 + \alpha_1 DOCI_{i,t} + \alpha_2 SCALE_{i,t} + \alpha_3 ROA_{i,t} + \alpha_4 OWNER_{i,t} + \alpha_5 AUDIT_{i,t} + \alpha_6 GROWTH_{i,t} + \alpha_7 LIVA_{i,t} + \alpha_8 \sum IND + \alpha_9 \sum YEAR + \varepsilon_{i,t} \quad (4-8)$$

$$CREDITLOAN_{i,t} = \alpha_0 + \alpha_1 DOCI_{i,t-1} + \alpha_2 Tran_{i,t-1} + \alpha_3 SCALE_{i,t-1} + \alpha_4 LEV_{i,t-1} + \alpha_5 OWNER_{i,t-1} + \alpha_6 TRADE_{i,t-1} + \alpha_7 AUDIT_{i,t-1} + \alpha_8 GROWTH_{i,t-1} + \alpha_9 CFIO_{i,t-1} + \alpha_{10} LIVA_{i,t-1} + \alpha_{11} \sum IND + \alpha_{12} \sum YEAR + \varepsilon_{i,t} \quad (4-9)$$

模型（4－9）中 Tran 代表多维信息透明度，包括应计盈余管理（EM）、真实盈余管理（REM）和信息披露考评（GRADE）。该部分研究模型中新增两个控制变量，分别为是否来自四大（BIG4）和内部控制质量（ICQ）。是否来自四大（BIG4）表示提供审计服务的会计师事务所是否来自四大的虚拟变量，来自四大则赋值为 1，否则赋值为 0。内部控制质量（ICQ）是在深圳迪博内控指数基础上加 1 取自然对数得到。

为检验信息透明度的中介效应，可通过分析模型（4－5）到模型（4－9）的回归系数来进行判断。其中，模型（4－5）中的 α_1 表示 OCI 对银行信用贷款比例影响的总效应；模型（4－6）到模型（4－8）中的 α_1 表示 OCI 列报对信息透明度（包括：应计盈余管理、真实盈余管理和信息披露考评）的影响；模型（4－9）中的 α_1 表示在控制中介变量 Tran 后 OCI 对银行信用贷款比例的影响，α_2 表示信息透明度对银行信用贷款比例的影响。模型（4－9）中 α_2 显著，说明中介效应显著，若 α_1 和 α_2 均显著，则为部分中介效应；若 α_2 显著，而 α_1 不显著，则为完全中介效应。从表 4－10 到表 4－12 的检验结果来看，模型（4－5）中 DOCI 与 CREDITLOAN 的回归系数在 1% 的水平下显著为正，进一步验证了假设 H4－1。模型（4－6）和模型（4－7）中 DOCI 与 EM、REM 的回归系数分别在 5%、1% 的水平下显著为负，说明 OCI 列报不仅对应计盈余管理有抑制作用，同时还降低了真实盈余管理空间。模型（4－8）中 DOCI 与 GRADE 的回归系数分别在 5% 的水平下显著为正，说明 OCI 列报对证券交易所公布的信息披露考评具有积极作用。模型（4－6）、模型（4－7）和模型（4－8）的回归结果整体说明了 OCI 列报有利于提升企业信息透明度。模型（4－9）的回归结果（见表 4－10 到表 4－12 的最后一列）显示 DOCI、EM、REM 和 GRADE 的回归系数均显著，说明信息透明度存在部分中介效应，即 OCI 不仅直接影响银行信贷决策，还可以通过提升信息透明度进一步提升信贷决策信息含量。

表 4－10　　信息透明度（应计盈余管理）的中介效应检验

变量名	因变量 CREDITLOAN	因变量 EM	因变量 CREDITLOAN
	模型（4－5）	模型（4－6）	模型（4－9）
DOCI	0.040*** (5.095)	－0.008** (－2.171)	0.018** (1.963)
EM			0.035*** (2.842)
ROA	0.321*** (3.839)	－0.365*** (－2.978)	
LEV	－0.459*** (－16.416)		－0.575*** (－18.721)
OWNER	0.159*** (19.406)	－0.007** (－2.210)	0.148*** (16.200)
TRADE	0.401*** (9.962)		0.384*** (8.736)
AUDIT	－0.061** (－2.532)		－0.063** (－2.573)
GROWTH	－0.004** (－2.019)	0.019*** (5.654)	－0.004 (－1.432)
CFIO	0.063 (1.561)		0.151*** (3.513)

续表

变量名	因变量 CREDITLOAN	因变量 EM	因变量 CREDITLOAN
	模型（4-5）	模型（4-6）	模型（4-9）
LIVA	0.100*** (3.786)	-0.076* (-1.929)	0.042 (1.498)
SCALE		0.009 (0.895)	0.041*** (11.025)
BIG4		-0.023 (-1.307)	
ICQ2		-0.011 (-1.253)	
IND	控制	控制	控制
YEAR	控制	控制	控制
_cons	0.415*** (13.578)	-0.028 (-0.174)	-0.415*** (-5.095)
N	7931	7920	6500
r2_a	0.125	0.041	0.144

注：回归系数已经过 White 异方差处理；*、**、*** 分别表示在 10%、5%、1% 的水平上显著。

表 4-11　　信息透明度（真实盈余管理）的中介效应检验

变量名	因变量 CREDITLOAN	因变量 REM	因变量 CREDITLOAN
	模型（4-5）	模型（4-7）	模型（4-9）
DOCI	0.040*** (5.095)	-0.035*** (-3.611)	0.021** (1.990)
REM			-0.023** (-2.156)
ROA	0.321*** (3.839)	-1.176*** (-6.478)	
LEV	-0.459*** (-16.416)		-0.540*** (-15.227)

续表

变量名	因变量 CREDITLOAN	因变量 REM	因变量 CREDITLOAN
	模型（4-5）	模型（4-7）	模型（4-9）
OWNER	0.159*** (19.406)	0.018 (1.600)	0.160*** (15.425)
TRADE	0.401*** (9.962)		0.381*** (7.556)
AUDIT	-0.061** (-2.532)		-0.075*** (-2.889)
GROWTH	-0.004** (-2.019)	-0.137** (-2.022)	-0.007*** (-2.867)
CFIO	0.063 (1.561)		0.137*** (2.802)
LIVA	0.100*** (3.786)	-0.463*** (-10.814)	0.035 (1.083)
SCALE		0.019*** (3.162)	0.042*** (9.723)
BIG4		-0.131*** (-4.238)	
ICQ2		-0.003 (-0.530)	
IND	控制	控制	控制
YEAR	控制	控制	控制
_cons	0.415*** (13.578)	-0.043 (-0.374)	-0.434*** (-4.666)
N	7931	6353	4995
r2_a	0.125	0.397	0.151

注：回归系数已经过 White 异方差处理；*、**、*** 分别表示在 10%、5%、1% 的水平上显著。

表 4-12　信息透明度（信息披露考评）的中介效应检验

变量名	因变量 CREDITLOAN	因变量 GRADE	因变量 CREDITLOAN
	模型（4-5）	模型（4-8）	模型（4-9）
DOCI	0.040*** (5.095)	0.036** (2.226)	0.019* (1.864)
GRADE			0.036*** (4.333)
ROA	0.321*** (3.839)	2.162*** (7.560)	
LEV	-0.459*** (-16.416)		-0.591*** (-15.839)
OWNER	0.159*** (19.406)	0.038** (2.184)	0.141*** (12.542)
TRADE	0.401*** (9.962)		0.446*** (8.248)
AUDIT	-0.061** (-2.532)	-0.987*** (-16.578)	-0.016 (-0.463)
GROWTH	-0.004** (-2.019)	-0.006 (-1.011)	-0.003 (-1.180)
CFIO	0.063 (1.561)		0.024 (0.464)
LIVA	0.100*** (3.786)	0.005 (0.089)	0.070** (1.964)
SCALE		0.080*** (10.095)	0.027*** (4.865)
IND	控制	控制	控制
YEAR	控制	控制	控制
_cons	0.415*** (13.578)	1.004*** (5.696)	-0.185* (-1.651)
N	7931	5530	4572
r2_a	0.125	0.222	0.137

注：回归系数已经过 White 异方差处理；*、**、*** 分别表示在 10%、5%、1% 的水平上显著。

2. 其他综合收益的预测能力检验

OCI 自身的价值相关性应是其具有信贷决策信息含量的根本原因，预测价值是价值相关性最直接的体现，若 OCI 有利于预测企业未来现金流，则认为 OCI 具有预测价值，而净利润是构成未来现金流的最主要部分。因此，本书进一步设置模型（4－10）对 OCI 的预测能力进行检验。

$$\begin{aligned} NI\_F_{i,t} = {} & \alpha_0 + \alpha_1 OCI_{i,t-1} + \alpha_2 D\_follow_{i,t-1} + \alpha_3 NKQX_{i,t-1} + \alpha_4 LEV_{i,t-1} \\ & + \alpha_5 EV_{i,t-1} + \alpha_6 ROA_{i,t-1} + \alpha_7 WX_{i,t-1} + \alpha_8 GROWTH_{i,t-1} \\ & + \alpha_9 \sum IND + \alpha_{10} \sum YEAR + \varepsilon_{i,t} \end{aligned} \tag{4-10}$$

其中，NI_F 为企业第 t 年去规模化后的净利润（即第 t 年净利润除以期末总资产）；所有解释变量和控制变量为第 t－1 年数据，模型中新增控制变量中，D_follow 为分析师跟踪虚拟变量，大于当年分析师跟踪均值的赋值为 1，否则为 0；NKQX 为内部控制缺陷虚拟变量，若企业存在重大缺陷、重要缺陷或一般缺陷中任何一种，则认为存在内部控制缺陷，赋值 1，否则为无缺陷，赋值 0；EV 为经营现金净流量/期末负债总额；WX 无形资产在总资产中的占比。

表 4－13 统计了逐步放入控制变量后的回归结果，可见 OCI 与 NI_F 表现出稳定一致的显著正相关关系。当然，OCI 与企业未来净利润的这种关系也可能是 OCI 的盈余操纵所致，然而，我们已验证了 OCI 可以抑制企业盈余管理行为，因此，模型（4－10）中 OCI 与未来现金流（净利润）的正相关关系在一定程度上验证了 OCI 的预测能力。

表 4－13　其他综合收益的预测能力检验结果（因变量：NI_F）

变量名	(1)	(2)	(3)	(4)
OCI	0.161*** (2.853)	0.136** (2.362)	0.162*** (3.281)	0.135*** (2.618)
D_follow			0.011*** (7.082)	0.011*** (6.614)
NKQX			−0.005** (−2.243)	−0.004** (−2.048)

续表

变量名	(1)	(2)	(3)	(4)
LEV			0.015 (1.513)	0.012 (1.107)
EV			0.063*** (4.274)	0.061*** (4.080)
ROA			0.480*** (12.797)	0.488*** (12.455)
WX			0.000 (-0.005)	0.004 (0.298)
GROWTH			-0.002 (-1.156)	-0.002 (-1.168)
IND	未控制	控制	未控制	控制
YEAR	未控制	控制	未控制	控制
_cons	0.025*** (27.321)	0.001 (0.140)	-0.007 (-1.111)	-0.018 (-1.461)
N	7973	7973	7878	7878
r2_a	0.000	0.016	0.162	0.175

注：回归系数已经过 White 异方差处理；*、**、*** 分别表示在 10%、5%、1% 的水平上显著。

（二）其他综合收益波动性对银行信贷决策的影响

本书已有研究显示，OCI 对银行信贷规模、贷款成本和贷款结构（包括贷款期限结构和贷款性质结构）均具有显著影响，此外，OCI 与公允价值计量密切相关，集中体现为 OCI 的波动性特征。OCI 的波动性作用具有两面性：一方面，OCI 的波动可能与企业盈余管理行为相关，给信贷决策带来干扰；另一方面，OCI 的波动多源于资本市场的波动，可以释放企业可能面临的潜在风险信息，银行可通过 OCI 的波动性捕捉到相关风险信息或有关企业成长的信息，进而调整银行信贷决策。相对于一般信息使用者，银行从业人员具有一定专业优势，这在很大程度上可降低 OCI 的信息干扰性。OCI 的波动性应具有信贷决策信息含量。因此，我们进一步对 OCI 的波动性的信息含量进行检验。作为会计信息使用者，银行在进行具体类型的信贷决策时对于 OCI 的正向和负向波动可能会有不同的判断。为进一步验证银行信贷规模决策中 OCI 的波动性及其波动方向的影响是否存在，本书在基本模型的基础上，将 OCI 替换为 OCI 的波动性（OCI_sd）① 构建模型（4-11）到模型（4-14），并将当期 OCI 减上期 OCI 之差大于等于零的样本划分为 OCI 正向波动组，其余为负向波动组，对模型进行分组检验，以验证银行信贷决策中对 OCI 波动方向的关注是否具有非对称性。

$$\begin{aligned} Tloan_{i,t} = {} & \alpha_0 + \alpha_1 OCI\_sd_{i,t-1} + \alpha_2 SCALE_{i,t-1} + \alpha_3 OWNER_{i,t-1} \\ & + \alpha_4 AUDIT_{i,t-1} + \alpha_5 CFIO_{i,t-1} + \alpha_6 TRADE_{i,t-1} \\ & + \alpha_7 GROWTH_{i,t-1} + \alpha_8 FCOST_{i,t-1} \\ & + \alpha_9 \sum IND + \alpha_{10} \sum YEAR + \varepsilon_{i,t} \end{aligned} \quad (4-11)$$

$$\begin{aligned} COST_{i,t} = {} & \alpha_0 + \alpha_1 OCI\_sd_{i,t-1} + \alpha_2 SCALE_{i,t-1} + \alpha_3 OWNER_{i,t-1} \\ & + \alpha_4 AUDIT_{i,t-1} + \alpha_5 CFIO_{i,t-1} + \alpha_6 TRADE_{i,t-1} \\ & + \alpha_7 GROWTH_{i,t-1} + \alpha_8 FCOST_{i,t-1} \\ & + \alpha_9 \sum IND + \alpha_{10} \sum YEAR + \varepsilon_{i,t} \end{aligned} \quad (4-12)$$

$$\begin{aligned} CREDITLOAN_{i,t} = {} & \alpha_0 + \alpha_1 OCI\_sd_{i,t-1} + \alpha_2 SCALE_{i,t-1} + \alpha_3 OWNER_{i,t-1} \\ & + \alpha_4 AUDIT_{i,t-1} + \alpha_5 CFIO_{i,t-1} + \alpha_6 TRADE_{i,t-1} \\ & + \alpha_7 GROWTH_{i,t-1} + \alpha_8 FCOST_{i,t-1} \\ & + \alpha_9 \sum IND + \alpha_{10} \sum YEAR + \varepsilon_{i,t} \end{aligned} \quad (4-13)$$

$$\begin{aligned} Lloan_{i,t} = {} & \alpha_0 + \alpha_1 OCI\_sd_{i,t-1} + \alpha_2 SCALE_{i,t-1} + \alpha_3 OWNER_{i,t-1} \\ & + \alpha_4 CFIO_{i,t-1} + \alpha_5 TRADE_{i,t-1} + \alpha_6 FCOST_{i,t-1} \\ & + \alpha_7 Persist_{i,t-1} + \alpha_8 \sum IND + \alpha_9 \sum YEAR + \varepsilon_{i,t} \end{aligned} \quad (4-14)$$

表4-14 中模型（4-11）的回归结果显示，在全样本回归结果中，OCI_sd 与信贷规模（Tloan）在 10% 水平下显著负相关，回归系数为 -0.366，表明 OCI 的波动性对银行贷款取得及信贷规模具有抑制作用。分

① OCI 的波动性（OCI_sd）具体定义为以第 t-1 年每股其他综合收益为基础，计算连续三年的滚动标准差。

组回归显示，OCI 负向波动组中 OCI_sd 的回归系数为 -0.750，且在 1% 水平下与信贷规模负相关，而 OCI 正向波动组 OCI_sd 的回归系数不具有显著性。这表明 OCI 的波动性与信贷规模显著负相关，且银行对 OCI 的波动性关注具有非对称性，在信贷规模决策中更加关注 OCI 的负向波动。

表 4-14　OCI 波动及其波动方向的影响（因变量：Tloan）

变量名	全样本	OCI 正向波动组	OCI 负向波动组
	(1)	(2)	(3)
OCI_sd	-0.366* (-1.669)	-0.121 (-0.463)	-0.750*** (-4.961)
SCALE	0.024*** (18.511)	0.026*** (14.795)	0.021*** (10.273)
OWNER	0.014*** (4.288)	0.019*** (4.742)	0.006 (1.135)
AUDIT	0.092*** (7.511)	0.092*** (5.968)	0.090*** (4.587)
CFIO	-0.197*** (-11.542)	-0.188*** (-9.644)	-0.218*** (-6.345)
TRADE	-0.229*** (-16.638)	-0.224*** (-12.991)	-0.250*** (-11.443)
GROWTH	-0.000 (-0.598)	-0.001 (-1.086)	0.002 (1.355)
FCOST	0.000*** (5.295)	0.000*** (3.631)	0.000*** (4.487)
IND	控制	控制	控制
YEAR	控制	控制	控制
_cons	-0.246*** (-7.963)	-0.302*** (-7.401)	-0.153*** (-2.844)
N	7885	5118	2767
r2_a	0.175	0.179	0.179

注：回归系数已经过 White 异方差处理；*、**、*** 分别表示在 10%、5%、1% 的水平上显著。

表 4-15 中模型（4-12）的回归结果显示，在全样本回归结果中，OCI_sd 与贷款成本（COST）在 10% 水平下显著正相关，回归系数为

0.105，表明企业 OCI 的波动性增加银行贷款的成本。分组回归显示，OCI 负向波动组中 OCI_sd 的回归系数为 0.128，且在 10% 水平下与贷款成本正相关，而 OCI 正向波动组中 OCI_sd 的回归系数为 0.231，但不具有显著性。这说明 OCI 的波动性与贷款成本具有相关性，且银行对 OCI 的波动性关注具有非对称性，在贷款利率决策中更加关注 OCI 的负向波动。

表 4－15　　OCI 波动及其波动方向的影响（因变量：COST）

变量名	全样本	OCI 正向波动组	OCI 负向波动组
	(1)	(2)	(3)
OCI_sd	0.105* (1.735)	0.231 (1.274)	0.128* (1.664)
SCALE	0.003*** (3.106)	0.004*** (2.816)	0.001 (0.442)
OWNER	−0.004 (−1.510)	−0.002 (−0.738)	−0.007 (−1.582)
AUDIT	0.003 (0.800)	0.005 (1.026)	−0.000 (−0.059)
CFIO	0.067*** (3.955)	0.055*** (3.645)	0.086** (2.136)
TRADE	−0.003 (−0.219)	0.004 (0.333)	−0.016 (−0.694)
GROWTH	−0.000 (−0.971)	−0.000 (−1.098)	−0.000 (−0.078)
FCOST	−0.005*** (−4.821)	−0.004*** (−2.765)	−0.005*** (−6.805)
IND	控制	控制	控制
YEAR	控制	控制	控制
_cons	0.006 (0.311)	−0.022 (−0.695)	0.064** (2.147)
N	7885	5118	2767
r2_a	0.302	0.274	0.340

注：回归系数已经过 White 异方差处理；*、**、*** 分别表示在 10%、5%、1% 的水平上显著。

表4－16中模型（4－13）的回归结果显示，在全样本回归结果中，OCI_sd与银行信用贷款比例（CREDITLOAN）正相关但不具有显著性。分组回归显示，OCI正向波动组中OCI_sd的回归系数为－0.117，OCI负向波动组中OCI_sd的回归系数为0.280，且两组中OCI_sd的回归系数均不具有显著性。排除模型设定合理性等方面的原因，另一种可能是在银行贷款种类决策时对OCI的波动性关注较少，导致OCI的波动性对贷款性质结构决策的影响显著性不强。

表4－16　OCI波动及其波动方向的影响（因变量：CREDITLOAN）

变量名	全样本	OCI正向波动组	OCI负向波动组
	(1)	(2)	(3)
OCI_sd	0.110 (0.540)	－0.117 (－0.418)	0.280 (1.202)
SCALE	0.017*** (5.243)	0.007 (1.596)	0.030*** (6.013)
OWNER	0.116*** (13.722)	0.110*** (10.441)	0.130*** (9.158)
AUDIT	－0.156*** (－6.906)	－0.156*** (－5.470)	－0.159*** (－4.369)
CFIO	0.182*** (4.496)	0.111** (2.143)	0.327*** (4.823)
TRADE	0.021 (0.577)	0.066 (1.453)	－0.046 (－0.783)
GROWTH	－0.004** (－2.182)	－0.003* (－1.765)	－0.006 (－1.536)
FCOST	－0.000*** (－3.611)	－0.000 (－1.576)	－0.001*** (－3.896)
IND	控制	控制	控制
YEAR	控制	控制	控制
_cons	－0.049 (－0.665)	0.170* (1.725)	－0.418*** (－3.423)
N	7931	5147	2784
r2_a	0.083	0.072	0.111

注：回归系数已经过White异方差处理；*、**、***分别表示在10%、5%、1%的水平上显著。

表4-17中模型（4-14）的回归结果显示，在全样本回归结果中，OCI_sd与银行长期贷款比例（Lloan）在10%水平下显著负相关，回归系数为-0.351，表明OCI的波动性会对银行长期贷款的取得具有抑制作用。分组回归显示，OCI正向波动组中OCI_sd的回归系数为-0.367，且在10%水平下显著，而OCI负向波动组中OCI_sd的回归系数的绝对值下降且不具有显著性。这说明OCI的波动性与银行长期贷款比例两者呈负相关关系，显著影响贷款期限结构，且银行对OCI的波动性关注具有非对称性，在贷款期限结构决策中更加关注OCI的正向波动。

表4-17　　OCI波动及其波动方向的影响（因变量：Lloan）

变量名	全样本	OCI正向波动组	OCI负向波动组
	(1)	(2)	(3)
OCI_sd	-0.351* (-1.792)	-0.367* (-1.928)	-0.257 (-0.601)
SCALE	0.050*** (19.512)	0.050*** (14.553)	0.052*** (12.505)
OWNER	0.059*** (8.679)	0.076*** (9.035)	0.025** (2.144)
CFIO	-0.184*** (-5.350)	-0.195*** (-4.522)	-0.168*** (-2.984)
TRADE	-0.324*** (-11.179)	-0.340*** (-9.427)	-0.300*** (-6.100)
FCOST	-0.001*** (-4.394)	-0.000** (-2.238)	-0.001*** (-4.652)
Persist	-0.000 (-1.517)	-0.000 (-1.169)	-0.000* (-1.689)
IND	控制	控制	控制
YEAR	控制	控制	控制
_cons	-0.837*** (-14.026)	-0.837*** (-10.774)	-0.850*** (-8.279)
N	7944	5181	2763
r2_a	0.305	0.292	0.333

注：回归系数已经过White异方差处理；*、**、***分别表示在10%、5%、1%的水平上显著。

（三）其他综合收益正负符号的影响

OCI 的波动性在银行信贷规模、贷款成本和贷款期限结构决策中具有信息含量，且银行对 OCI 波动方向的关注具有非对称性。那么，其他综合收益的正负方向是否同时具有信息含量呢？换言之，银行对 OCI 正负符号的关注是否具有对称性？为此，我们进一步将其他综合收益大于等于零的作为正向 OCI 组，将其他综合收益小于零的作为负向 OCI 组，对基本模型（4－1）到模型（4－4）进行分组检验。

表 4－18 的检验结果显示，模型（4－2）的分组检验结果中（因变量为 Tloan），无论是正向还是负向 OCI 组，OCI 的回归系数均在 1% 水平下显著，说明银行在信贷规模决策时对 OCI 的关注具有对称性，无论是正向还是负向 OCI 均具有信息含量。而在模型（4－2）的分组检验结果中（因变量为 COST），仅有负向 OCI 组中 OCI 的回归系数显著，表明银行在贷款利率决策时对 OCI 的关注具有非对称性，更加关注负向 OCI 信息。

表 4－18　　OCI 正负符号的影响（信贷规模和贷款成本）

变量名	因变量：Tloan		因变量：COST	
	正向 OCI 组	负向 OCI 组	正向 OCI 组	负向 OCI 组
	(1)	(2)	(3)	(4)
OCI	−0.734*** (−4.900)	0.682*** (2.881)	0.069 (0.949)	0.244* (1.829)
SCALE	0.030*** (18.263)	0.022*** (10.020)	0.004*** (3.838)	0.001 (0.466)
OWNER	0.005 (1.267)	0.008 (1.389)	−0.003 (−1.147)	0.001 (0.093)
ROE	−0.193*** (−10.448)	−0.188*** (−3.410)	0.027* (1.875)	0.038 (1.630)
AUDIT	0.054*** (3.810)	0.072*** (3.081)		
TRADE	−0.217*** (−13.357)	−0.273*** (−12.165)		

续表

变量名	因变量：Tloan		因变量：COST	
	正向 OCI 组	负向 OCI 组	正向 OCI 组	负向 OCI 组
	(1)	(2)	(3)	(4)
CFIO	-0.155*** (-7.669)	-0.197*** (-6.583)	0.057*** (4.021)	0.075 (1.564)
FCOST	0.000*** (3.039)	0.000*** (4.611)	-0.004*** (-2.824)	-0.005*** (-5.928)
ROE_sd			0.035** (2.445)	0.015 (0.948)
CURRENT			0.002 (1.627)	0.006 (1.572)
GROWTH			-0.000*** (-2.799)	0.001 (0.325)
IND	控制	控制	控制	控制
Year	控制	控制	控制	控制
_cons	-0.368*** (-9.700)	-0.178*** (-3.298)	-0.034 (-1.287)	0.029 (0.583)
N	5476	2496	5410	2474
r2_a	0.215	0.197	0.261	0.353

注：回归系数已经过 White 异方差处理；*、**、*** 分别表示在 10%、5%、1% 的水平上显著。

表4-19的检验结果显示，模型（4-3）的分组检验结果中（因变量为 CREDITLOAN），在正向 OCI 组，OCI 的回归系数为 0.373，在 5% 水平下显著为正，而在负向 OCI 组，OCI 的回归系数下降且不显著，说明银行在贷款期限结构决策时对 OCI 的关注具有非对称性，更加关注正向 OCI 信息。模型（4-4）的分组检验结果中（因变量为 Lloan），在正向 OCI 组，滞后一期 OCI 的回归系数为 -1.652，在 1% 水平下显著，而在负向 OCI 组，滞后一期 OCI 的回归系数的绝对值大幅下降且不显著，说明银行在贷款期限结构决策时对 OCI 的关注具有非对称性，更加关注正向 OCI 信息。

表 4 – 19　　OCI 正负符号的影响（贷款性质结构和贷款期限结构）

变量名	因变量：CREDITLOAN		因变量：Lloan	
	正向 OCI 组	负向 OCI 组	正向 OCI 组	负向 OCI 组
	(1)	(2)	(3)	(4)
OCI	0.373 ** (2.319)	0.348 (0.616)		
L.OCI			–1.652 *** (–3.444)	–0.316 (–0.695)
SCALE	0.037 *** (8.887)	0.039 *** (6.972)	0.048 *** (13.076)	0.059 *** (12.263)
ROA	0.083 (0.837)	0.433 ** (2.573)		
LEV	–0.581 *** (–16.199)	–0.528 *** (–9.966)		
OWNER	0.142 *** (13.996)	0.144 *** (9.879)	0.071 *** (7.761)	0.020 (1.581)
TRADE	0.448 *** (9.221)	0.284 *** (4.028)	–0.359 *** (–9.340)	–0.250 *** (–4.336)
AUDIT	–0.030 (–0.998)	–0.074 ** (–2.039)		
GROWTH	–0.003 * (–1.814)	–0.023 *** (–3.151)	–0.000 (–0.245)	–0.001 (–0.093)
CFIO	0.033 (0.689)	0.167 ** (2.133)	–0.149 *** (–3.264)	–0.186 *** (–2.801)
LIVA	0.091 *** (2.943)	0.019 (0.406)		
FCOST			–0.001 *** (–7.756)	–0.001 *** (–4.277)
Persist			–0.001 * (–1.921)	0.001 (0.547)
IND	控制	控制	控制	控制
Year	未控制	未控制	控制	控制

续表

变量名	因变量：CREDITLOAN		因变量：Lloan	
	正向 OCI 组	负向 OCI 组	正向 OCI 组	负向 OCI 组
	(1)	(2)	(3)	(4)
_cons	-0.324 *** (-3.627)	-0.395 *** (-3.110)	-0.793 *** (-9.514)	-0.983 *** (-8.376)
N	5441	2490	4351	2103
r2_a	0.132	0.148	0.310	0.321

注：回归系数已经过 White 异方差处理；*、**、*** 分别表示在 10%、5%、1% 的水平上显著。

(四) 会计政策变更的政策效应

自 OCI 引入以来，财政部对 OCI 披露与列报进行了两次大的变革。在本书数据涵盖期间内，2014 年财政部修订下发的《企业会计准则第 30 号——财务报表列报》(财会〔2014〕7 号) 对 OCI 定义及列报、披露要求进行了较大幅度的修订和完善，进一步明确和规范了其列报要求，从会计制度层面对 OCI 进行了第二次重大改革。一方面，要求设置“其他综合收益”一级科目进行会计核算，并在资产负债表中所有者权益大类下增设“其他综合收益”项目，将 OCI 从资本公积中分离出来单独列报。另一方面，OCI 在利润表中列报位置发生变化，由在“每股收益”项目下列示调整为在“净利润”下方列示，使得报表勾稽关系更清晰。OCI 项目应划分为“以后会计期间不能重分类进损益的其他综合收益项目”和“以后会计期间在满足规定条件时将重分类进损益的其他综合收益项目”两类列报，且 OCI 各项目单独以税后净额进行列报。

从 2014 年 OCI 列报准则变更可以看出，无论是 OCI 在利润表中总额列报到分类分项目单独列报的变化，还是资产负债表中将 OCI 从资本公积分离出来的规定，均充分凸显了 OCI 的重要性，提升了 OCI 的信息透明度，有利于整体盈余信息的更好传递，这理论上有利于提升银行信贷决策有用性。然而，2014 年会计政策的变更是否在实务中使得债权人视角下 OCI 信息含量提高了呢？双重差分模型（DID）不仅能在一定程度上降低内生性，而且能较好地反映政策实施效应。因此，本书以 OCI 列报制度变更为契机，进一步考察了 2014 年 OCI 准则修订带来的政策效应，在基本模型基础上设计了 DID 模型，经检验，OCI 在信贷决策中的政策效应仅有贷款成本与贷款性质结构决策是显著的，因而本书仅列示与之相对应的模型（4-15）和模型（4-16）[①]，具体模型设计如下：

$$
\begin{aligned}
COST_{i,t} = {} & \alpha_0 + \alpha_1 Treat_{i,t-1} + \alpha_2 time_{i,t-1} + \alpha_3 Treat_{i,t-1} \times time_{i,t-1} \\
& + \alpha_4 SCALE_{i,t-1} + \alpha_5 OWNER_{i,t-1} + \alpha_6 ROE_{i,t-1} \\
& + \alpha_7 ROE\_sd_{i,t-1} + \alpha_8 CURRENT_{i,t-1} + \alpha_9 GROWTH_{i,t-1} \\
& + \alpha_{10} CFIO_{i,t-1} + \alpha_{11} FCOST_{i,t-1} + \alpha_{12} \sum IND \\
& + \alpha_{13} \sum YEAR + \varepsilon_{i,t}
\end{aligned}
\tag{4-15}
$$

$$
\begin{aligned}
CREDITLOAN_{i,t} = {} & \alpha_0 + \alpha_1 Treat_{i,t-1} + \alpha_2 time_{i,t-1} + \alpha_3 Treat_{i,t-1} \\
& \times time_{i,t-1} + \alpha_4 SCALE_{i,t-1} + \alpha_5 ROA_{i,t-1} + \alpha_6 LEV_{i,t-1} \\
& + \alpha_7 OWNER_{i,t-1} + \alpha_8 TRADE_{i,t-1} + \alpha_9 AUDIT_{i,t-1} \\
& + \alpha_{10} GROWTH_{i,t-1} + \alpha_{11} CFIO_{i,t-1} + \alpha_{12} LIVA_{i,t-1} \\
& + \alpha_{13} \sum IND + \alpha_{14} \sum YEAR + \varepsilon_{i,t}
\end{aligned}
\tag{4-16}
$$

模型（4-15）和模型（4-16）对 OCI 的信贷决策信息含量从 OCI 实施的政策效应层面进行了探讨。其包括三个解释变量：（1）Treat 为分组标识变量，将 2014 年列报了 OCI 且不为 0 的企业划分为实验组，赋值为 1，否则为对照组，赋值为 0（在分组前，剔除了 2014 未列报或列报值为 0 且后期列报不为 0 的相关企业的观测值）。（2）time 为政策年度标识变量，样本所在年份为 2014 年及以后，赋值为 1，否则，赋值为 0。（3）Treat × time 交互项，为该模型最重要的解释变量，其系数 α_3 反映了 2014 年 OCI 列报制度改革对银行信贷决策的政策实施净效应，若系数 α_3 显著为正，则说明 2014 年 OCI 列报制度改革对银行某一具体信贷决策带来了正向效应，反

① 运用 DID 模型必须满足平行趋势假定，因此，本书引入 time1 和 time2 进行了平行趋势检验。time1 和 time2 分别表示政策实施年份的前一年和前两年的虚拟变量（当年份为 2013 年时，time1 赋值 1，否则赋值 0；当年份为 2012 年时，time2 赋值 1，否则赋值 0）。回归结果显示，Treat × time1 和 Treat × time2 的回归系数均不显著，样本满足平行趋势假定，估计结果具有稳健性。

之，则为负向效应。

2014 年会计政策变更的政策效应检验结果显示（见表 4－20），模型（4－15）和模型（4－16）的交互项（Treat × time）回归系数分别为 0.013 和 0.036，分别在 1% 和 5% 的水平下显著，说明 2014 年 OCI 分类列报制度改革显著影响了贷款成本和银行贷款性质结构，使得 OCI 在银行信贷决策中的信息含量显著增强。

表 4－20　　会计政策变更的政策效应检验结果

变量名	COST	CREDITLOAN
	模型（4－15）	模型（4－16）
Treat	－0.001 （－0.252）	－0.028** （－1.965）
time	－0.007 （－1.332）	－0.065*** （－3.531）
Treat × time	0.013*** （2.865）	0.036** （2.010）
SCALE	0.002** （2.365）	0.041*** （11.066）
OWNER	－0.003 （－0.805）	0.136*** （15.175）
ROE	0.028** （1.999）	
AUDIT		－0.035 （－1.375）
TRADE		0.342*** （7.972）
CFIO	0.060*** （3.189）	0.073* （1.683）
FCOST	－0.005*** （－4.843）	
ROE_sd	0.029** （2.248）	

续表

变量名	COST	CREDITLOAN
	模型（4-15）	模型（4-16）
CURRENT	0.004** (2.165)	
GROWTH	-0.000* (-1.725)	-0.005*** (-3.475)
ROA		0.217** (2.241)
LEV		-0.565*** (-17.621)
LIVA		0.041 (1.465)
IND	控制	控制
YEAR	控制	控制
_cons	0.004 (0.170)	-0.357*** (-4.570)
N	6893	6929
r2_a	0.325	0.129

注：回归系数已经过 White 异方差处理；*、**、*** 分别表示在 10%、5%、1% 的水平上显著。

第四节　内生性的控制

一、PSM 倾向得分匹配法

本书进一步检验采用的 DID 模型在很大程度上降低了内生性。倾向匹配得分法（PSM）可降低选择性偏差，控制可能的内生性。为避免潜在的内生性干扰，本书借鉴了 Shipman 等（2017）和肖虹等（2018）的方法，对研究样本进行了 PSM 匹配。为保证匹配的合理性，本书将列报了 OCI 的样本作为处理组，赋值为1，将OCI为零的样本作为控制组，赋值为0。选择企业规模（SCALE）、企业成长性（GROWTH）、资产负债率（LEV）和企业所处地区的市场化程度（MARKET）[①] 作为协变量，构建模型（4－17）。

$$DOCI_{i,t} = \alpha_0 + \alpha_1 SCALE_{i,t} + \alpha_2 GROWTH_{i,t} + \alpha_3 LEV_{i,t} + \alpha_4 MARKET_{i,t} + \varepsilon_{i,t} \quad (4-17)$$

模型（4－17）的Logit回归结果显示（见表4－21、表4－24、表4－27和表4－30），所有协变量回归系数均显著，说明OCI确实受到企业规模、成长性、资产负债率和企业所处地区市场化程度的影响。

本书尝试了最邻近匹配、半径匹配（设定半径r＝0.001）和核匹配（宽度系数w＝0.06）三种匹配方法，最终选择了半径匹配对OCI与银行信贷决策的关系进行再检验。因变量为信贷规模（Tloan）的匹配结果显示，半径匹配的平均处理效应（ATT）为－0.008，对应的T值为－1.99，在5%的水平上显著。因变量为贷款成本（COST）的匹配结果显示，半径匹配的平均处理效应（ATT）为0.007，对应的T值为1.98，在5%的水平上显著。因变量为银行信用贷款比例（CREDITLOAN）的匹配结果显示，半径匹配的平均处理效应（ATT）为0.023，对应的T值为2.18，在5%的水平上显著。因变量为贷款期限结构（Lloan）的匹配结果显示，半径匹配的平均处理效应（ATT）为0.05，对应的T值为－5.23，在1%的水平上显著，且所有匹配仅损失少量样本。本书进一步做了平衡性检验以确保匹配的有效性。结果显示（见表4－22、表4－25、表4－28和表4－31），PSM匹配后所有协变量标准化偏差的绝对值均小于10%，且对应的T检验基本不显著。这说明通过了平衡性检验，匹配过程及结果有效。本书利用PSM匹配后的数据重新对所有假设进行了检验（PSM匹配后回归结果见表4－23、表4－26、表4－29和表4－32），本章研究结论仍基本保持不变。

---

① 市场化指数越大，则市场化进程越快。市场化程度数据源于王小鲁和樊纲等的《中国分省份市场化指数报告（2018）》，该报告中仅列示了2012～2016年的市场化指数，因此，我们在此基础上通过Stata软件拟合计算了2017～2018年的中国各省区市市场化指数。

表 4-21　其他综合收益披露影响因素的 Logit 回归（信贷规模）

变量	模型（4-17）	
	系数	Z 值
SCALE	0.651***	24.82
GROWTH	-0.025**	-1.99
LEV	-0.673***	-4.30
MARKET	0.281***	19.22
_cons	-16.034***	-27.67
样本量	7885	
LR chi2（4）	1254.47	
Pseudo R^2	0.1206	

注：*、**、*** 分别表示在 10%、5%、1% 的水平上显著。

表 4-22　倾向得分匹配的平衡性检验（信贷规模）

变量	均值		处理组与控制组的差异（%）	均值 T 检验	
	处理组	控制组		T 值	P 值
SCALE	22.758	22.773	-1.2	-0.65	0.518
GROWTH	0.273	0.262	0.5	0.33	0.742
LEV	0.511	0.520	-5.0	-2.38	0.017
MARKET	8.270	8.257	0.8	0.40	0.692

表 4-23　PSM 匹配后基本回归结果（信贷规模）

变量名	因变量：Tloan
OCI	-0.280** (-2.212)
SCALE	0.036*** (23.530)
OWNER	0.004 (1.117)
ROE	-0.199*** (-9.706)
AUDIT	0.063*** (5.032)
TRADE	-0.225*** (-16.357)

续表

变量名	因变量：Tloan
CFIO	-0.158*** (-9.070)
FCOST	0.000*** (5.184)
IND	控制
YEAR	控制
_cons	-0.497*** (-13.989)
N	7366
r2_a	0.211

注：回归系数已经过 White 异方差处理；*、**、*** 分别表示在 10%、5%、1% 的水平上显著。

表 4-24　其他综合收益披露影响因素的 Logit 回归（贷款成本）

变量	模型（4-17）	
	系数	Z 值
SCALE	0.651***	24.82
GROWTH	-0.025**	-1.99
LEV	-0.673***	-4.30
MARKET	0.281***	19.22
_cons	-16.034***	-27.67
样本量	7885	
LR chi2（4）	1254.47	
Pseudo R^2	0.1206	

注：*、**、*** 分别表示在 10%、5%、1% 的水平上显著。

表 4-25　倾向得分匹配的平衡性检验（贷款成本）

变量	均值		处理组与控制组的差异（%）	均值 T 检验	
	处理组	控制组		T 值	P 值
SCALE	22.758	22.773	-1.2	-0.65	0.518
GROWTH	0.273	0.262	0.5	0.33	0.742
LEV	0.511	0.520	-5.0	-2.38	0.017
MARKET	8.270	8.257	0.8	0.40	0.692

表 4－26　　PSM 匹配后基本回归结果（贷款成本）

变量名	因变量：COST
OCI	0.092* (1.841)
SCALE	0.005*** (3.599)
OWNER	-0.003 (-1.010)
ROE	0.032** (2.396)
ROE_sd	0.027** (2.310)
CURRENT	0.004** (2.324)
GROWTH	-0.001** (-2.202)
CFIO	0.065*** (3.689)
FCOST	-0.005*** (-4.792)
IND	控制
YEAR	控制
_cons	-0.060* (-1.713)
N	7366
r2_a	0.306

注：回归系数已经过 White 异方差处理；*、**、*** 分别表示在 10%、5%、1% 的水平上显著。

表 4－27　其他综合收益披露影响因素的 Logit 回归（贷款性质结构）

变量	模型（4－17）	
	系数	Z 值
SCALE	0.648***	24.85
GROWTH	-0.024***	-1.98
LEV	-0.645***	-4.17

续表

变量	模型（4－17）	
	系数	Z值
MARKET	0.282***	19.36
_cons	－15.983***	－27.73
样本量	7931	
LR chi2（4）	1262.41	
Pseudo R^2	0.1206	

注：*、**、*** 分别表示在10%、5%、1%的水平上显著。

表4－28　　倾向得分匹配的平衡性检验（贷款性质结构）

变量	均值		处理组与控制组的差异（%）	均值T检验	
	处理组	控制组		T值	P值
SCALE	22.762	22.784	－1.8	－0.95	0.341
GROWTH	0.27	0.30	－1.4	－0.67	0.505
LEV	0.512	0.521	－4.8	－2.31	0.021
MARKET	8.268	8.241	1.6	0.8	0.424

表4－29　　PSM匹配后基本回归结果（贷款性质结构）

变量名	因变量：CREDITLOAN
OCI	0.322* (1.948)
SCALE	0.031*** (7.495)
ROA	0.167* (1.878)
LEV	－0.566*** (－18.179)
OWNER	0.143*** (16.730)
TRADE	0.410*** (9.960)
AUDIT	－0.061** (－2.544)
GROWTH	－0.004** (－2.265)

续表

变量名	因变量：CREDITLOAN
CFIO	0.076 * (1.834)
LIVA	0.058 ** (2.173)
IND	控制
_cons	-0.190 ** (-2.145)
N	7418
r2_a	0.125

注：回归系数已经过 White 异方差处理；*、**、*** 分别表示在 10%、5%、1% 的水平上显著。

表 4-30　其他综合收益披露影响因素的 Logit 回归（贷款期限结构）

变量	模型（4-17）	
	系数	Z 值
SCALE	0.653 ***	24.83
GROWTH	-0.026 **	-2.09
LEV	-0.679 ***	-4.33
MARKET	0.282 ***	19.25
_cons	-16.078 ***	-27.69
样本量	7868	
LR chi2（4）	1257.63	
Pseudo R^2	0.1212	

注：*、**、*** 分别表示在 10%、5%、1% 的水平上显著。

表 4-31　倾向得分匹配的平衡性检验（贷款期限结构）

变量	均值		处理组与控制组的差异（%）	均值 T 检验	
	处理组	控制组		T 值	P 值
SCALE	22.763	22.779	-1.3	-0.69	0.488
GROWTH	0.268	0.285	-0.8	-0.48	0.634
LEV	0.511	0.520	-4.8	-2.29	0.022
MARKET	8.275	8.261	0.8	0.41	0.681

表 4-32　　PSM 匹配后基本回归结果（贷款期限结构）

变量名	因变量：Lloan
L. OCI	-0.833** (-2.326)
SCALE	0.050*** (14.337)
OWNER	0.055*** (7.280)
CFIO	-0.146*** (-3.776)
TRADE	-0.335*** (-10.115)
GROWTH	-0.000 (-0.345)
FCOST	-0.001*** (-8.722)
Persist	-0.001* (-1.829)
IND	控制
YEAR	控制
_cons	-0.814*** (-10.138)
N	6032
r2_a	0.278

注：回归系数已经过 White 异方差处理；*、**、*** 分别表示在 10%、5%、1% 的水平上显著。

二、处理效应模型

虽然 OCI 引入我国已有十余年，但部分上市公司 OCI 披露不规范，人为选择性列报 OCI 现象仍然存在。列报 OCI 的动机和概率受企业规模、盈利状况以及企业成长性等因素的影响。因此，为避免模型中解释变量存在样本选择偏误而导致的内生性问题，本书引入 DOCI 作为处理变量，选择方程中引入净资产收益率（ROE）、账面市值比（BM）①、OCI 的波动性（OCI_sd）、市场化程度（INDEX_MAR）②、公司规模（SCALE）、企业成长性（GROWTH）和盈余持续性（Persist），并控制行业效应，建立处理效应模型进行两阶段分析。具体处理效应模型为：

$$Pr\{DOCI = 1\} = \alpha_0 + \alpha_1 ROE_{i,t} + \alpha_2 GROWTH_{i,t} + \alpha_3 BM_{i,t} + \alpha_4 \sum IND + \varepsilon_{i,t} \quad (4-18)$$

$$Tloan_{i,t} = \alpha_0 + \alpha_1 OCI_{i,t-1} + \alpha_2 DOCI_{i,t} + \alpha_3 SCALE_{i,t-1} + \alpha_4 OWNER_{i,t-1} + \alpha_5 ROE_{i,t-1} + \alpha_6 AUDIT_{i,t-1} + \alpha_7 TRADE_{i,t-1} + \alpha_8 CFIO_{i,t-1} + \alpha_9 FCOST_{i,t-1} + \alpha_{10} \sum IND + \alpha_{11} \sum YEAR + \varepsilon_{i,t} \quad (4-19)$$

$$Pr\{DOCI = 1\} = \alpha_0 + \alpha_1 OCI\_sd_{i,t} + \alpha_2 ROE_{i,t} + \alpha_3 INDEX\_MAR_{i,t} + \alpha_4 SCALE_{i,t} + \alpha_5 BM_{i,t} + \alpha_6 \sum IND + \varepsilon_{i,t} \quad (4-20)$$

$$COST_{i,t} = \alpha_0 + \alpha_1 OCI_{i,t-1} + \alpha_2 DOCI_{i,t} + \alpha_3 SCALE_{i,t-1} + \alpha_4 OWNER_{i,t-1} + \alpha_5 ROE_{i,t-1} + \alpha_6 ROE\_sd_{i,t-1} + \alpha_7 CURRENT_{i,t-1} + \alpha_8 GROWTH_{i,t-1} + \alpha_9 CFIO_{i,t-1} + \alpha_{10} FCOST_{i,t-1} + \alpha_{11} \sum IND + \alpha_{12} \sum YEAR + \varepsilon_{i,t} \quad (4-21)$$

$$Pr\{DOCI = 1\} = \alpha_0 + \alpha_1 OCI\_sd_{i,t} + \alpha_2 ROE_{i,t} + \alpha_3 INDEX\_MAR_{i,t} + \alpha_4 SCALE_{i,t} + \alpha_5 BM_{i,t} + \alpha_6 \sum IND + \varepsilon_{i,t} \quad (4-22)$$

$$CREDITLOAN_{i,t} = \alpha_0 + \alpha_1 OCI_{i,t-1} + \alpha_2 DOCI_{i,t} + \alpha_3 SCALE_{i,t-1} + \alpha_4 ROA_{i,t-1} + \alpha_5 LEV_{i,t-1} + \alpha_6 OWNER_{i,t-1} + \alpha_7 TRADE_{i,t-1} + \alpha_8 AUDIT_{i,t-1} + \alpha_9 GROWTH_{i,t-1} + \alpha_{10} CFIO_{i,t-1} + \alpha_{11} LIVA_{i,t-1} + \alpha_{12} \sum IND + \varepsilon_{i,t} \quad (4-23)$$

---

① 账面市值比（BM）定义为企业第 t 年期末资产总额/期末总市值。

② 市场化指数越大，则市场化进程越快。我们依据计算出的综合得分进行排名，将综合排名前 15 名的分组为市场化程度高组，市场化程度（INDEX_MAR）赋值为 1，其余为市场化程度低组，赋值为 0。

$$Pr\{DOCI=1\}=\alpha_0+\alpha_1 INDEX\_MAR_{i,t}+\alpha_2 BM_{i,t}+\alpha_3 Persist_{i,t}+\alpha_4\sum IND+\varepsilon_{i,t} \quad (4-24)$$

$$Lloan_{i,t}=\alpha_0+\alpha_1 OCI_{i,t-2}+\alpha_2 DOCI_{i,t}+\alpha_3 SCALE_{i,t-1}+\alpha_4 OWNER_{i,t-1}+\alpha_5 CFIO_{i,t-1}+\alpha_6 TRADE_{i,t-1}+\alpha_7 GROWTH_{i,t-1}+\alpha_8 FCOST_{i,t-1}+\alpha_9 Persist_{i,t-1}+\alpha_{10}\sum IND+\alpha_{11}\sum YEAR+\varepsilon_{i,t} \quad (4-25)$$

从处理效应模型两阶段分析（见表4-33）可以看出，（1）企业OCI的列报与企业规模、企业盈利状况、企业成长性及其所在地区市场化程度等高度相关。规模较大、净资产收益率越高、所在地区市场化程度越高的企业，越倾向于列报OCI，反之，则倾向于不列报OCI。（2）表4-33倒数第二行的回归结果显示，模型对应的lambda值分别为-0.208、-0.029、0.044、0.065，分别在1%、1%、5%、5%的水平上显著。模型（4-19）、模型（4-21）、模型（4-23）和模型（4-25）中，DOCI的回归系数分别为0.328、0.048、-0.056和-0.117，且分别在1%、1%、10%和1%的水平上显著。经过处理效应模型两阶段分析后，模型所有解释变量回归系数符号不变，且显著性依然很强。这说明在控制了可能的样本选择偏误造成的内生性后，本书研究结论基本不变。

表4-33　处理效应模型回归结果

变量名	因变量：Tloan	COST	CREDITLOAN	Lloan
	模型（4-19）	模型（4-21）	模型（4-23）	模型（4-25）
OCI	-0.274** (-1.999)	0.051* (1.836)	0.328* (1.796)	
L.OCI				-0.785*** (-2.737)
DOCI	0.328*** (6.623)	0.048*** (4.292)	-0.056* (-1.756)	-0.117*** (-2.744)
SCALE	0.021*** (13.215)	-0.003 (-1.473)	0.047*** (8.703)	0.054*** (16.493)

续表

变量名	因变量：Tloan	COST	CREDITLOAN	Lloan
	模型（4-19）	模型（4-21）	模型（4-23）	模型（4-25）
OWNER	0.006 * (1.879)	-0.002 (-0.710)	0.139 *** (16.633)	0.053 *** (7.035)
ROE	-0.279 *** (-12.820)	0.024 ** (2.172)		
AUDIT	0.070 *** (6.818)		-0.055 ** (-2.192)	
TRADE	-0.241 *** (-16.808)		0.390 *** (9.758)	-0.321 *** (-10.053)
CFIO	-0.169 *** (-10.544)	0.065 *** (4.617)	0.087 ** (2.165)	-0.149 *** (-4.194)
FCOST	0.000 ** (2.439) (-4.438)	-0.005 *** (-56.624) (0.047)		-0.001 *** (-3.716) (-0.063)
ROE_sd		0.024 * (1.913)		
CURRENT		0.003 *** (3.251)		
GROWTH		-0.000 (-0.593)	-0.004 ** (-2.106)	0.001 (0.299)
ROA			0.143 * (1.727)	
LEV			-0.571 *** (-19.612)	
LIVA			0.060 ** (2.274)	
Persist				-0.001 * (-1.676)
IND	控制	控制	控制	控制
YEAR	控制	控制	未控制	控制

续表

变量名	因变量：Tloan	COST	CREDITLOAN	Lloan
	模型（4-19）	模型（4-21）	模型（4-23）	模型（4-25）
_cons	-0.319*** (-8.421)	0.096** (2.542)	-0.505*** (-4.761)	-0.847*** (-12.178)
处理效应方程（因变量：DOCI）：				
变量名	模型（4-18）	模型（4-20）	模型（4-22）	模型（4-24）
ROE	0.782*** (7.034)	0.285** (2.394)	0.270** (2.442)	
BM	0.539*** (8.483)	-0.548*** (-6.471)	-0.561*** (-6.633)	0.647*** (9.216)
OCI_sd		35.625*** (21.755)	32.793*** (20.281)	
INDEX_MAR		0.484*** (11.810)	0.488*** (11.974)	0.475*** (11.058)
SCALE		0.467*** (26.541)	0.468*** (26.698)	
GROWTH	-0.012 (-1.631)			
Persist				-0.003 (-1.361)
IND	控制	控制	控制	控制
_cons	-0.503*** (-4.685)	-10.593*** (-27.549)	-10.603*** (-27.690)	-0.835*** (-6.895)
hazard：				
lambda	-0.208*** (-6.867)	-0.029*** (-4.171)	0.044** (2.245)	0.065** (2.501)
N	7600	7600	7641	6199

注：*、**、*** 分别表示在10%、5%、1%的水平上显著。

第五节 稳健性检验

为确保本书研究结论的可靠性，减少变量衡量方法不合理、变量和样本选择等造成的偏误，我们进行稳健性检验如下：

第一，进行多重共线性检验（结果见表4-34）。为避免模型解释变量间多重共线性对回归结果的影响，我们计算了各解释变量和控制变量的差膨胀因子值（VIF），研究发现，每个变量的VIF均低于2.5，Mean VIF小于3，排除了严重多重共线性的可能。

表4-34 多重共线性（VIF值）检验结果

变量名	因变量：Tloan	COST	CREDITLOAN	Lloan
OCI	1.01	1.01	1.01	
L. OCI				1.01
SCALE	1.39	1.41	1.55	1.34
OWNER	1.28	1.28	1.29	1.25
ROE	1.10	1.23		
AUDIT	1.05		1.08	
TRADE	1.33		1.72	1.33
CFIO	1.09	1.10	1.15	1.08
FCOST	1.00	1.00		1.00
ROE_sd		1.20		
CURRENT		1.13		
GROWTH		1.03	1.02	1.02
ROA			1.36	
LEV			2.13	
LIVA			1.62	
Persist				1.00
Mean VIF	2.14	2.11	2.25	2.12

第二，变换解释变量的衡量口径（结果见表4－35）。我们用每股其他综合收益（OCI_S）[①] 对基本模型中的解释变量进行替换，重新回归后结果依然显著，所有假设仍然成立。

表4－35　　稳健性检验结果（替换OCI的衡量口径）

变量名	因变量：Tloan	COST	CREDITLOAN	Lloan
	(1)	(2)	(3)	(4)
OCI_S	−0.018* (−1.799)	0.009* (1.889)	0.031* (1.746)	
L.OCI_S				−0.052** (−2.487)
SCALE	0.027*** (20.862)	0.003*** (3.312)	0.039*** (11.928)	0.051*** (17.860)
OWNER	0.006* (1.723)	−0.002 (−0.798)	0.141*** (16.995)	0.055*** (7.433)
ROE	−0.192*** (−9.955)	0.030** (2.371)		
AUDIT	0.065*** (5.288)		−0.055** (−2.300)	
TRADE	−0.231*** (−17.567)		0.390*** (9.832)	−0.323*** (−10.100)
CFIO	−0.169*** (−9.938)	0.063*** (3.717)	0.070* (1.728)	−0.160*** (−4.244)
FCOST	0.000*** (5.045)	−0.005*** (−4.786)		−0.001*** (−8.693)
ROE_sd		0.027** (2.399)		
CURRENT		0.003** (2.199)		

① OCI_S为每股其他综合收益，具体定义为其他综合收益/期末总股数。

续表

变量名	因变量：Tloan	COST	CREDITLOAN	Lloan
	(1)	(2)	(3)	(4)
GROWTH		-0.000** (-2.264)	-0.004** (-2.334)	-0.000 (-0.225)
ROA			0.155* (1.819)	
LEV			-0.564*** (-19.000)	
LIVA			0.069*** (2.658)	
Persist				-0.001* (-1.802)
IND	控制	控制	控制	控制
YEAR	控制	控制	未控制	控制
_cons	-0.301*** (-9.897)	-0.015 (-0.612)	-0.373*** (-5.216)	-0.850*** (-12.785)
N	7959	7872	7919	6453
r2_a	0.205	0.303	0.136	0.312

注：回归系数已经过 White 异方差处理；*、**、*** 分别表示在 10%、5%、1% 的水平上显著。

第三，同时替换部分控制变量（结果见表 4-36）。本书同时将企业规模 SCALE 的衡量口径替换为第 t-1 年期末总市值的自然对数（SIZE），流动比率（CURRENT）、资产负债率（LEV）替换为第 t-1 年期末速动资产除以流动负债的比率，即速动比率（QUICK）、审计意见（AUDIT）替换为是否来自四大（BIG4），自有资金充裕程度（CFIO）替换为现金及现金等价物与负债总额之比（CASH），收益波动性（ROE_sd）替换为以第 t-1 年资产收益率为基础计算的连续三年的滚动标准差(ROA_sd)，替换控制变量后，模型主要变量的回归系数依然显著，研究结论保持不变。

表 4-36　　稳健性检验结果（同时替换部分控制变量）

变量名	因变量：Tloan	COST	CREDITLOAN	Lloan
	(1)	(2)	(3)	(4)
OCI	-0.287 ** (-2.377)	0.100 * (1.677)	0.395 ** (2.317)	
L.OCI				-0.790 ** (-2.182)
SIZE	0.027 *** (15.664)	0.006 *** (3.423)	0.010 *** (2.616)	0.055 *** (16.296)
OWNER	0.001 (0.430)	-0.000 (-0.066)	0.128 *** (14.943)	0.053 *** (7.115)
ROE	-0.201 *** (-9.736)	0.033 *** (2.847)		
BIG4	-0.067 *** (-11.883)		0.111 *** (7.282)	
TRADE	-0.296 *** (-19.749)		0.125 *** (3.262)	-0.329 *** (-9.941)
CASH	-0.065 *** (-6.055)	-0.017 ** (-2.566)	0.060 *** (3.883)	-0.014 (-1.566)
FCOST	0.000 *** (4.114)	-0.005 *** (-4.793)		-0.001 *** (-9.102)
ROA_sd		0.128 *** (2.931)		
QUICK		0.010 *** (2.659)	-0.008 (-1.354)	
GROWTH		-0.001 *** (-3.661)	-0.006 *** (-2.893)	0.002 (1.164)
ROA			0.703 *** (8.291)	
LIVA			0.038 (1.397)	
Persist				-0.001 (-1.632)

续表

变量名	因变量：Tloan	COST	CREDITLOAN	Lloan
	(1)	(2)	(3)	(4)
IND	控制	控制	控制	控制
YEAR	控制	控制	未控制	控制
_cons	-0.256*** (-6.056)	-0.078* (-1.954)	0.003 (0.036)	-0.946*** (-11.926)
N	7675	7600	7642	6199
r2_a	0.259	0.306	0.102	0.310

注：回归系数已经过 White 异方差处理；*、**、*** 分别表示在 10%、5%、1% 的水平上显著。

本章小结

本章以 2012~2018 年我国沪深 A 股上市公司数据为样本，研究了 OCI 对银行信贷决策的影响，本章基于已有研究，从信贷规模、贷款成本和贷款期限结构三个方面进行了更加深入的研究，而且区分不同贷款类型的风险承担对象差异对贷款性质结构进行了研究，探讨了 OCI 与银行信用贷款决策的关系，拓展了会计信息信贷决策相关性研究的深度和广度。研究发现，OCI 无论是对信贷规模、贷款成本还是信贷结构（包括贷款性质结构和贷款期限结构）均具有信息含量。具体研究结论如下：

首先，基本回归结果显示，其他综合收益显著影响信贷规模、信贷成本、贷款性质结构和贷款期限结构，OCI 在银行信贷决策中具有信息含量。其中，信贷规模与 OCI、长期借款比例与第 t-2 期 OCI 显著负相关，信贷成本、银行信用贷款比例与 OCI 显著正相关。这说明 OCI 影响银行信贷决策受正反两方面的影响，但在不同的信贷决策类型时正反两方面关注度不同，进而赋予的权重有差异，导致在具体信贷决策类型时，OCI 的净影响可能为正或者负。

其次，分组检验结果发现，公司治理水平在 OCI 的银行信贷决策影响中具有调节作用，企业内外部治理水平越高，其他综合收益对银行信贷决策（信贷规模、贷款成本、贷款性质结构和贷款期限结构）的影响更显著。其具体表现为：在高管持股比例低组、总经理与董事长“二职分置”组和企业机构投资者持股比例高组中，其他综合收益对银行信贷决策（信贷规模、贷款成本、贷款性质结构和贷款期限结构）的影响更显著。

最后，进一步研究发现，第一，对其作用机理进行检验发现，信息透明度在 OCI 的银行信贷决策影响中发挥部分中介作用。即，OCI 不仅直接影响银行信贷决策，还可通过提升信息透明度进一步提升信贷决策信息含量。OCI 列报对应计盈余管理和真实盈余管理均具有抑制作用，有利于证券交易所公布的信息披露考评。第二，本章认为 OCI 自身具有预测价值。经检验发现，OCI 具有预测企业未来现金流的作用，具有一定的预测能力，这可能是 OCI 具有信贷决策信息含量的最根本原因。第三，OCI 的波动性在银行信贷规模、贷款成本和贷款期限结构决策中具有信息含量，且银行对 OCI 波动方向的关注具有非对称性，在信贷规模和贷款利率决策中更加关注 OCI 的负向波动，在贷款期限结构决策中更加关注 OCI 的正向波动。第四，对 OCI 正负符号的信息含量分组检验发现，银行在信贷规模决策时对 OCI 的关注具有对称性，无论是正向还是负向 OCI 均具有信息含量。在贷款利率和贷款结构（包括贷款性质结构决策和贷款期限结构）决策时对 OCI 的关注具有非对称性，在贷款利率决策时更加关注负向 OCI 信息。在贷款结构（包括贷款期限结构决策和贷款期限结构）决策时更加关注正向 OCI 信息。第五，2014 年 OCI 列报制度改革显著影响了贷款成本和银行贷款性质结构（银行信用贷款比例），使得 OCI 在银行信贷决策中的信息含量显著增强。

第五章 其他综合收益对证券分析师盈余预测的影响

净利润反映历史成本计量下企业已实现或可实现损益，而 OCI 主要反映企业现行价值计量中具有不确定性、波动性和低持续性等特征的利得和损失，是经济收益和传统会计收益的差额，即未实现收益部分（黄晓韡，2015）。现行价值会计面向未来，综合考虑企业未来现金流的时间、金额和不确定性，且降低了确认时滞并提升了决策有用性（Scott，2017）。OCI 蕴含了大量已确认未来可能实现的利得或损失，可弥补历史成本计量的净利润信息的不足，为信息使用者提供除净利润以外有关企业成长的相关信息，也有助于预测公司可能存在的风险，提高企业价值估值的准确性。从某种程度上讲，OCI 应能给证券分析师提供增量信息。但以公允价值计量为主的 OCI 信息包括的核算项目繁多，具有波动性、复杂性和不确定性。OCI 这些特征均与公允价值计量密切相关，集中体现为 OCI 的波动性特征。OCI 的波动性作用具有两面性，容易给信息解读带来困扰。分析师作为资本市场的信息中介（杨楠和洪剑峭，2019），凭借信息获取和处理优势，已成为资本市场信息传递的重要力量。对于 OCI 及其波动性，作为专业的信息使用者，分析师能否充分利用其专业优势，透过 OCI 的波动性表象对 OCI 信息进行有效解读并反映到分析师盈余预测之中？这是一个值得关注的话题。目前，将 OCI 波动性特征与分析师盈余预测相结合的研究甚少，因此，本章从这一特征出发，将其与分析师盈余预测相联系进行研究。

第一节　理论分析与研究假设

一、其他综合收益的基本特征

OCI 主要反映以公允价值计量的资产和负债的价值变动。相对于历史成本计量，公允价值计量模式可全面反映资产和负债价值的上升或下降，且 OCI 在业务发生时就予以确认，提高了会计信息的及时性（葛家澍，2004）。OCI 涵盖项目繁多，具有复杂性、不确定性、波动性、低持续性和未实现等特征，一般为非核心盈余，但该部分已确认未实现的利得和损失在满足条件时即可转化为未来某一期间的损益，影响未来的盈余状况。因而，OCI 代表企业未来期间可转化为现实损益的潜力和可能性，OCI 提供了除净利润之外的反映公司长期业绩的信息（杨有红和闫珍丽，2018；Maines and Mcdaniel，2000）。相对于历史成本计量下的净利润，OCI 理论上应更具有预测能力。

虽然理论上 OCI 更具有价值相关性，预测能力相对较强，但公允价值计量引入的计量误差和管理层利用 OCI 进行盈余管理的机会主义行为（王艳，2018）会造成一定的信息风险，且 OCI 计量的资产和负债公允价值的增减变动主要源于资本市场，具有不确定性、低持续性和复杂性，加之波动性较强，这无疑给会计信息使用者的信息解读带来一定困扰。作为专业的信息使用者，相对于一般信息使用者，分析师在信息获取、解读和分析方面具有绝对优势。因而，OCI 及其波动性特征是给分析师盈余预测提供了增量信息还是带来了信息干扰？这一话题值得进一步探究。

二、其他综合收益的波动与分析师盈余预测

（一）其他综合收益的波动对分析师盈余预测的波动性影响

OCI 具体核算会涉及金融资产、外币报表折算、现金流量套期、权益

法核算的长期股权投资、设定受益计划和投资性房地产等多种复杂业务，确实给报表使用者的解读带来了一定难度，导致其预测作用也大打折扣。但分析师是资本市场信息传递的桥梁和纽带，不仅专业知识扎实，而且具有较强的信息获取、处理和分析能力（Meng，2015；钟凯等，2020），可通过盈余预测影响投资者决策进而影响股价波动，无论是在私有信息还是公共信息的获取、解读和数据处理方面，均具备优势。因而分析师可高效解读蕴含在 OCI 中的有关企业未来发展潜力的信息，并迅速捕捉 OCI 传递的有关企业面临的各项可能的风险，并与已知悉的私有信息进行核对，做出相对理性的盈余预测。近年来，我国 OCI 列报披露的改进也从某种程度上提高了信息透明度（杨有红和闫珍丽，2018），有利于识别管理层利用 OCI 实施的盈余管理行为（Maines and Mcdaniel，2000），这也从侧面增强了 OCI 与分析师盈余预测的相关性。

会计信息特别是盈余信息是分析师盈余预测的重要信息来源。OCI 虽然不属于当期损益，但属于未来可能实现的利得和损失，会影响未来期间的盈余，是分析师盈余预测的重要考虑因素。OCI 与公允价值计量密切相关，集中体现为 OCI 的波动性特征。OCI 的波动主要源于资本市场的波动，其计量属性以及部分 OCI 未来可重分类的特性决定了公司盈余的波动性特征。换言之，当期确认的 OCI 金额越大、波动性越强，则未来期间会计盈余波动性则可能越强，这无疑增加了分析师盈余预测的波动性。因此，本书提出假设 H5－1：

假设 H5－1：其他综合收益的波动与分析师盈余预测的波动显著正相关。

（二）其他综合收益的波动对分析师盈余预测的影响

分析师作为资本市场的重要参与者，能够获取的私有信息非常有限，公共信息是分析师盈余预测的主要信息渠道，而上市公司披露的会计信息是重要的公共信息来源。盈余信息是分析师盈余预测重要影响因素。企业实际每股收益仅反映每股净利润的高低，将 OCI 的影响排除在外，能较强反映公司当期实际已实现盈余状况。分析师盈余预测一般是基于企业历史数据进行未来盈余预测，并在最新可获得的信息基础上不断修正分析师盈余预测值。因而，公司实际每股收益理应成为影响分析师盈余预测的重要影响因素。而作为企业非核心业务导致的具有波动性特征的OCI，提升了信息确认及时性，提供了除净利润之外的反映公司未来盈余和发展潜质的相关信息，可直接或间接影响分析师盈余预测：一方面，OCI的波动性会直接影响分析师盈余预测及其波动；另一方面，公司实际每股收益对分析师的盈余预测的影响可能会由于OCI的波动性较大而造成负面影响，减弱实际每股收益对分析盈余预测的作用。换言之，OCI波动性能通过抑制实际每股收益与分析师盈余预测的正相关关系，间接影响分析师盈余预测。因此，本书提出假设H5－2a、H5－2b和H5－2c：

假设H5－2a：实际每股收益与分析师盈余预测显著正相关。

假设H5－2b：OCI的波动性直接影响分析师盈余预测，且OCI波动性与分析师盈余预测显著正相关。

假设H5－2c：OCI的波动性能抑制企业实际每股收益信息对分析师盈余预测的作用，从而间接影响分析师盈余预测。

三、业务复杂程度和内部控制质量的调节作用

近年来，虽然OCI相关的会计规定在不断完善，信息透明度不断提升，但现行会计准则并未解决OCI的定义和会计确认问题，重分类标准欠完善，其核算项目繁多而复杂。若公司业务复杂程度越高，则涉及的OCI核算项目可能越多，对信息使用者的认知能力要求越高。且OCI的波动性作用具有两面性，容易给信息解读带来困扰。一般的信息使用者可能难以挖掘OCI带来的信息含量，但是对于具有专业分析能力的分析师而言，却能凸显其专业优势，通过上市公司披露的OCI信息获得增量信息。因而，OCI及其波动带来的影响更能体现在分析师盈余预测之中。相反，在业务复杂程度较低的企业，其经济业务相对单一，OCI涉及的项目相对可能较少，信息使用者相对容易对OCI进行解读，OCI及其波动性影响也可能相对小，对分析师盈余预测的增量信息作用相对较少。内部控制是制约两权分离的

有效措施（杨雄胜，2005）。高质量的内部控制会使得经理人的私利行为减少（卢锐等，2011）。内部控制质量能侧面反映公司内部治理水平的高低。公司内部控制质量高，则企业运行状态相对良好，则能更有效地抑制管理层盈余管理，会计信息质量容易得到保证，分析师对公司提供的报表信息的信任度增强，OCI 及其波动对分析师盈余预测传递的增量信息更多。因此，本书提出假设 H5－3a 和 H5－3b：

假设 H5－3a：OCI 的波动性对分析师盈余预测的影响在业务复杂程度高的企业中更显著。

假设 H5－3b：OCI 的波动性对分析师盈余预测的影响在内部控制质量高的企业中更显著。

第二节　研究设计

一、样本获取与数据来源

本书选取了 2012～2018 年我国沪深 A 股上市公司数据为样本，研究上一年 OCI 的波动性特征对本年度分析师盈余预测及其波动性的影响。样本具体筛选过程如下：（1）剔除金融保险类行业和*ST、S、S*ST、SST、ST 类的上市公司样本；（2）剔除数据严重缺失的观测值；（3）剔除异常数据对应的样本；（4）为考察盈余及 OCI 相关指标波动性特征，进一步剔除分析师预测值低于三年的上市公司样本。样本数据均来自国泰安（CSMAR）数据库，最后得到 11608 个观测值（其中，2012 年 1515 个，2013 年 1578 个，2014 年 1736 个，2015 年 1929 个，2016 年 1847 个，2017 年 1546 个，2018 年 1457 个）。运用 Excel 和 Stata 15.1 进行相关统计分析。

关于分析师盈余预测数据的筛选：为更好反映 OCI 波动性特征及报表数据对分析师预测的影响，本书仅保留了上一年年报发布日后到当年年报发布日前这一时段内的分析师盈余预测数据。由于同一家公司一年内可能有多家机构的分析师（团队）发布多次盈余预测报告，因此，仅保留距离上一年年报发布日后最近的一次分析师盈余预测值[①]，最后，按年份求出每个公司的分析师盈余预测均值作为分析师盈余预测值。

二、变量定义

（一）被解释变量

本书设置了分析师盈余预测和分析师盈余预测的波动两个被解释变量，以反映 OCI 的波动性特征对分析师盈余预测及其波动性的影响。以分析师及其所在团队距离年报公布日后最近一次盈余预测值的均值来度量分析师盈余预测（FEPS），并在分析师及其所在团队盈余预测均值的基础上，计算其连续三年的滚动标准差来度量分析师盈余预测的波动（FEPS_sd），被解释变量均采用第 t 年的分析师预测数据。

（二）解释变量

解释变量为实际每股收益（MEPS）和其他综合收益的波动（OCI_sd）。其他综合收益的波动（OCI_sd）以企业每股其他综合收益为基础，计算连续三年的滚动标准差进行度量。实际每股收益（MEPS）为企业净利润除以期末实收资本。所有解释变量和控制变量均为企业第 t－1 年数据。

（三）控制变量

企业信息透明度、盈利能力、偿债能力以及业绩波动程度等是分析师盈余预测的重要影响因素。在参照肖虹和李少轩（2017）、陈胜蓝和李占婷（2017）、钟凯等（2020）的指标选取基础上，结合本书研究的特殊性，选取了实际每股收益的波动（MEPS_sd）、每股无形资产（WX）、市净率（PB）、净资产收益率（ROE）、公允价值变动损益的波动（FV_sd）、分析

---

① 分析师盈余预测数据处理，目前有学者以分析师和分析师所在证券机构为主体采用求均值法或中位数的方式进行数据筛选。本书对分析师预测数据处理时，同一家证券公司的同一分析师的预测数据按该分析师及其所在团队为一个整体进行数据筛选，采用求均值的方法求得分析师盈余预测值，并尝试了以中位数预测值代替均值作为本书的稳健性检验。

师跟踪规模（FOLLOW）、债务保障程度（EV）和资产负债率（LEV）作为控制变量，并控制了行业（IND）和年度（YEAR）效应。各变量具体定义如表5－1所示。

表5－1　变量定义表

变量类型	变量名称	变量符号	变量描述
被解释变量	分析师盈余预测	FEPS	年报公布日后，第t年分析师及其所在团队最近一次盈余预测值的均值
	分析师盈余预测的波动	FEPS_sd	以第t年分析师盈余预测均值为基础，计算连续三年的滚动标准差
解释变量	其他综合收益的波动	OCI_sd	以第t－1年每股其他综合收益为基础，计算连续三年的滚动标准差
	实际每股收益	MEPS	第t－1年净利润/期末实收资本
控制变量	实际每股收益的波动	MEPS_sd	以第t－1年实际每股收益为基础，计算连续三年的滚动标准差
	每股无形资产	WX	第t－1年年末无形资产/实收资本
	市净率	PB	第t－1年每股市价/每股净资产
	净资产收益率	ROE	第t－1年净利润/股东权益平均余额，其中，股东权益平均余额＝（股东权益期初余额＋股东权益期末余额）/2
	公允价值变动损益的波动	FV_sd	以第t－1年公允价值变动损益/期末实收资本为基础，计算连续三年的滚动标准差
	分析师跟踪规模	FOLLOW	Ln（1＋第t－1年分析师跟踪数量）
	债务保障程度	EV	第t－1年经营活动现金净流量/期末负债总额
	资产负债率	LEV	第t－1年期末负债总额/期末资产总额
	行业	IND	虚拟变量，用来控制行业因素的影响
	年份	YEAR	虚拟变量，用来控制不同年度宏观经济的影响

三、模型设定

本书借鉴了赵刚等（2019）和钟凯等（2020）的模型设计思想，结合本书研究目的，以第t年分析师盈余预测和分析师盈余预测的波动作为被解释变量，第t－1年企业实际每股收益和其他综合收益的波动作为被解释变量，分别设计模型如下：

$$FEPS\_sd_{i,t} = \alpha_0 + \alpha_1 OCI\_sd_{i,t-1} + \alpha_2 MEPS\_sd_{i,t-1} + \alpha_3 WX_{i,t-1} + \alpha_4 PB_{i,t-1} + \alpha_5 ROE_{i,t-1} + \alpha_6 FV\_sd_{i,t-1} + \alpha_7 FOLLOW_{i,t-1} + \alpha_8 EV_{i,t-1} + \alpha_9 \sum IND + \alpha_{10} \sum YEAR + \varepsilon_{i,t} \quad (5-1)$$

$$FEPS_{i,t} = \alpha_0 + \alpha_1 MEPS_{i,t-1} + \alpha_2 MEPS\_sd_{i,t-1} + \alpha_3 WX_{i,t-1} + \alpha_4 PB_{i,t-1} + \alpha_5 FV\_sd_{i,t-1} + \alpha_6 FOLLOW_{i,t-1} + \alpha_7 LEV_{i,t-1} + \alpha_8 EV_{i,t-1} + \alpha_9 \sum IND + \alpha_{10} \sum YEAR + \varepsilon_{i,t} \quad (5-2)$$

$$FEPS_{i,t} = \alpha_0 + \alpha_1 OCI\_sd_{i,t-1} + \alpha_2 MEPS\_sd_{i,t-1} + \alpha_3 WX_{i,t-1} + \alpha_4 PB_{i,t-1} + \alpha_5 FV\_sd_{i,t-1} + \alpha_6 FOLLOW_{i,t-1} + \alpha_7 LEV_{i,t-1} + \alpha_8 EV_{i,t-1} + \alpha_9 \sum IND + \alpha_{10} \sum YEAR + \varepsilon_{i,t} \quad (5-3)$$

$$FEPS_{i,t} = \alpha_0 + \alpha_1 OCI\_sd_{i,t-1} + \alpha_2 MEPS_{i,t-1} \times OCI\_sd_{i,t-1} + \alpha_3 MEPS_{i,t-1} + \alpha_4 MEPS\_sd_{i,t-1} + \alpha_5 WX_{i,t-1} + \alpha_6 PB_{i,t-1} + \alpha_7 FV\_sd_{i,t-1} + \alpha_8 FOLLOW_{i,t-1} + \alpha_9 LEV_{i,t-1} + \alpha_{10} EV_{i,t-1} + \alpha_{11} \sum IND + \alpha_{12} \sum YEAR + \varepsilon_{i,t} \quad (5-4)$$

模型（5－1）到模型（5－3）主要关注系数 α_1，若 α_1 显著大于0，则表明 OCI 的波动、实际每股收益与分析师盈余预测及其波动正相关，否则，负相关，模型（5－4）的系数 α_1 和 α_3 与之类似。除此以外，还应关注模型（5－4）中 OCI 的波动与实际每股收益的交乘项（MEPS × OCI_sd）系数 α_2，若 α_2 显著大于0，则表明 OCI 波动性能增强企业实际每股收益对分析师盈余预测的作用，否则，若 α_2 显著小于0，则表明 OCI 波动性能抑制企业实际每股收益对分析师盈余预测的作用。

第三节 实证结果与数据分析

一、描述性统计

表5－2报告了主要变量的描述性统计结果。从表中可以看出，分析师盈余预测的波动（FEPS_sd）的均值为0.167，中位数为0.111，标准差为

0.225，且最小值0和最大值8.588两者之间差异较大，说明样本公司的分析师盈余预测波动性相对较大。分析师盈余预测（FEPS）的标准差较大，无论是均值（0.607）与中位数（0.461），还是最小值（-2.029）和最大值（33.87）之间，均存在显著差异，说明探求分析师盈余预测及造成波动性的影响因素具有必要性。OCI_sd的标准差为0.159，其均值（0.037）与中位数（0.001），最小值（0）和最大值（4.399）之间差异明显，说明样本公司之间OCI波动性特征非常明显。企业实际每股收益（MEPS）和每股收益的滚动标准差（MEPS_sd）的统计结果也显示其实际每股收益的波动性及个体差异明显。

表5-2　　变量的描述性统计分析

变量名	样本量	均值	中位数	标准差	最小值	最大值
FEPS_sd	9077	0.167	0.111	0.225	0.000	8.588
FEPS	9032	0.607	0.461	0.775	-2.029	33.870
OCI_sd	11608	0.037	0.001	0.159	0.000	4.399
MEPS	11608	0.495	0.356	0.844	-5.573	30.114
MEPS_sd	11608	0.212	0.123	0.350	0.000	9.629
WX	11601	0.525	0.283	0.929	0.000	14.467
PB	11282	3.685	2.701	6.191	0.121	272.210
ROE	11603	0.089	0.086	0.110	-2.816	1.611
FV_sd	8381	0.009	0.000	0.037	0.000	0.875
FOLLOW	11608	2.051	2.197	0.956	0.000	4.331
EV	11608	0.200	0.115	0.681	-25.043	52.472
LEV	11608	0.427	0.422	0.205	-0.195	0.995

二、回归结果分析

（一）基本回归结果与分析

表5-3报告了模型（5-1）到模型（5-4）的基本回归结果。模型（5-1）中，在控制相关变量后，OCI的波动（OCI_sd）与分析师盈余预测的波动（FEPS_sd）在1%的水平下显著正相关，回归系数为0.069，模

型具有良好的拟合优度（调整的 R^2 为 52.3%），该结果支持了假设 H5 -1。在模型（5 -2）中，公司实际每股收益（MEPS）与分析师盈余预测（FEPS）在 1% 的水平下显著正相关，回归系数为 0.568，模型的拟合优度较高（调整的 R^2 为 52.3%），结果支持了假设 H5 -2a。在模型（5 -3）中，OCI 的波动（OCI_sd）与分析师盈余预测（FEPS）在 1% 的水平下显著正相关，回归系数为 0.281，调整的 R^2 为 52.3%，模型的拟合优度较高。说明 OCI 的波动直接影响分析师盈余预测，且两者显著正相关，该结果支持了假设 H5 -2b。在模型（5 -4）中，OCI 的波动（OCI_sd）、公司实际每股收益（MEPS）与分析师盈余预测（FEPS）在 1% 的水平下显著正相关，回归系数分别为 0.861 和 0.629，两者的交乘项（MEPS × OCI_sd）与分析师盈余预测（FEPS）在 1% 的水平下显著负相关，回归系数为 -0.866，调整的 R^2 为 52.3%，模型的拟合优度较高，该结果支持了假设 H5 -2c。结合模型（5 -2）和模型（5 -3）的结果，共同说明企业上一年实际每股收益（MEPS）和 OCI 的波动（OCI_sd）会直接正向影响分析师盈余预测值的高低，同时，OCI 的波动（OCI_sd）还会抑制企业实际每股收益对分析师盈余预测的作用，间接影响分析师盈余预测。

从控制变量的回归结果可以看出，公司每股无形资产（WX）、市净率（PB）、分析师跟踪规模（FOLLOW）和债务保障程度（EV）均与两个被解释变量（FEPS_sd 和 FEPS）的回归系数显著性非常强，说明企业成长性、偿债能力和信息透明度是影响分析师盈余预测的重要因素。

表 5 -3　　基本回归结果

变量名	模型（5 -1）	模型（5 -2）	模型（5 -3）	模型（5 -4）
	因变量：FEPS_sd		因变量：FEPS	
OCI_sd	0.069*** (3.49)		0.281*** (7.03)	0.861*** (3.79)
MEPS		0.568*** (7.87)		0.629*** (9.45)
MEPS × OCI_sd				-0.866*** (-3.37)

续表

变量名	模型（5-1）	模型（5-2）	模型（5-3）	模型（5-4）
	因变量：FEPS_sd		因变量：FEPS	
MEPS_sd	0.173*** (5.05)	0.037 (0.35)	0.340*** (5.28)	0.090 (1.18)
WX	0.023*** (4.13)	0.033*** (2.72)	0.081*** (4.93)	0.029*** (2.62)
PB	0.001*** (2.90)	0.006*** (3.05)	0.007*** (2.60)	0.006*** (3.15)
ROE	0.142*** (2.83)			
FV_sd	0.219** (1.96)	0.519 (1.57)	1.117*** (2.83)	0.433 (1.37)
FOLLOW	0.024*** (6.59)	0.044** (2.54)	0.172*** (17.01)	0.035** (2.54)
EV	0.014** (2.25)	0.061*** (3.84)	0.142*** (3.99)	0.056*** (3.64)
LEV		0.149*** (4.26)	-0.116** (-2.12)	0.142*** (4.16)
IND	控制	控制	控制	控制
YEAR	控制	控制	控制	控制
_cons	0.119*** (4.13)	0.136** (2.15)	-0.030 (-0.46)	0.136** (2.14)
N	7047	6996	6996	6996
adj_R^2	0.523	0.523	0.523	0.523

注：回归系数已经过 White 异方差处理；*** 表示在 1% 水平下显著；** 表示在 5% 水平下显著；* 表示在 10% 水平下显著。

（二）分组回归结果与分析

表 5-4 列示了样本公司区分业务复杂程度与内部控制质量后，其他综合收益波动对分析师盈余预测影响的分组回归结果。列（1）和列（2）是区分业务复杂程度的分组回归结果。在业务复杂程度高组中，OCI 的波动

（OCI_sd）、公司实际每股收益（MEPS）与分析师盈余预测（FEPS）在1%的水平下显著正相关，回归系数分别为0.808和0.522，两者的交乘项（MEPS×OCI_sd）与分析师盈余预测（FEPS）在1%的水平下显著负相关，回归系数为-0.686。而在业务复杂程度低时，OCI的波动（OCI_sd）与交乘项（MEPS×OCI_sd）的回归系数均不显著，该结果支持了假设H5-3a。列（3）和列（4）是区分内部控制质量的分组回归结果。在内部控制质量高组中，OCI的波动（OCI_sd）、公司实际每股收益（MEPS）与分析师盈余预测（FEPS）在1%的水平下显著正相关，回归系数分别为1.024和0.619，两者的交乘项（MEPS×OCI_sd）与分析师盈余预测（FEPS）在1%的水平下显著负相关，回归系数为-0.968。而在内部控制质量低组中，OCI的波动（OCI_sd）与交乘项（MEPS×OCI_sd）的回归系数均不显著。该回归结果很好地支持了假设H5-3b。

表5-4 按业务复杂程度和内部控制质量分组回归结果（因变量：FEPS）

变量名	业务复杂程度		内部控制质量	
	（1） 高组	（2） 低组	（3） 高组	（4） 低组
OCI_sd	0.808*** (3.69)	0.263 (1.51)	1.024*** (5.37)	0.331 (1.61)
MEPS	0.522*** (12.31)	0.742*** (8.02)	0.619*** (8.56)	0.683*** (4.86)
MEPS×OCI_sd	-0.686*** (-3.25)	-0.267 (-1.12)	-0.968*** (-4.07)	-0.354 (-1.45)
MEPS_sd	-0.008 (-0.07)	0.250*** (3.60)	0.029 (0.30)	0.284*** (2.93)
WX	0.039*** (2.77)	0.010 (0.62)	0.019 (1.31)	0.042*** (3.44)
PB	0.016*** (4.60)	0.004*** (2.74)	0.008*** (4.41)	0.004* (1.67)
FV_sd	0.701* (1.86)	-0.219 (-0.55)	0.580 (1.52)	-0.263 (-0.73)

续表

变量名	业务复杂程度		内部控制质量	
	(1) 高组	(2) 低组	(3) 高组	(4) 低组
FOLLOW	0.075*** (5.42)	-0.005 (-0.29)	0.036** (2.50)	0.008 (0.26)
EV	0.077* (1.78)	0.040*** (2.59)	0.061*** (3.91)	0.132* (1.85)
LEV	0.086 (1.50)	0.254*** (4.97)	0.185*** (4.74)	0.123 (1.30)
IND	控制	控制	控制	控制
YEAR	控制	控制	控制	控制
_cons	-0.034 (-0.44)	0.250*** (2.58)	0.122* (1.69)	0.165 (1.26)
N	3646	3350	5300	1696
adj_R^2	0.519	0.519	0.519	0.519

注：回归系数已经过 White 异方差处理；*** 表示在 1% 水平下显著；** 表示在 5% 水平下显著；* 表示在 10% 水平下显著。

三、进一步研究

本书实证检验结果表明，分析师盈余预测的波动会随着 OCI 的波动而波动，OCI 的波动会影响分析师盈余预测。造成这一结果有可能是 OCI 及其波动具有信息含量，能对分析师预测带来正效应，也有可能是 OCI 及其波动给分析师盈余预测带来干扰所致。为此本书从 OCI 的预测能力和 OCI 的波动对分析师盈余预测准确性的影响两个方面做进一步分析和验证。

（一）其他综合收益的预测能力

本书已实证检验了 OCI 波动性对分析师盈余预测的影响。OCI 自身的价值相关性应是其对分析师盈余预测具有信息含量的根本原因，预测价值是价值相关性的最直接的体现，若 OCI 有利于预测企业未来现金流，则认为 OCI 具有预测价值，而净利润是构成未来现金流的最主要部分。为进一步验证 OCI 的预测能力是否存在，本书选取了公司第 t 年实际每股收益（MEPS）作为被解释变量，第 t－1 年每股其他综合收益（OCI）和第 t－1、第 t－2 和第 t－3 三年累计每股其他综合收益（OCI_T）两个指标作为解释变量，控制变量在 WX、PB、FV_sd、FOLLOW、EV、LEV 的基础上，增加第 t－1 年未预期盈余（SUE）（与第三章中表 3－1 的定义相同）和其他综合收益是否为 0 的虚拟变量（DOCI）[①]，构建模型（5－5）和模型（5－6）：

$$\begin{aligned} MEPS_{i,t} = {} & \alpha_0 + \alpha_1 OCI_{i,t-1} + \alpha_2 DOCI_{i,t-1} + \alpha_3 SUE_{i,t-1} + \alpha_4 WX_{i,t-1} \\ & + \alpha_5 PB_{i,t-1} + \alpha_6 FV\_sd_{i,t-1} + \alpha_7 FOLLOW_{i,t-1} + \alpha_8 EV_{i,t-1} \\ & + \alpha_9 LEV_{i,t-1} + \alpha_{10} \sum IND + \alpha_{11} \sum YEAR + \varepsilon_{i,t} \end{aligned} \tag{5-5}$$

$$\begin{aligned} MEPS_{i,t} = {} & \alpha_0 + \alpha_1 OCI\_T_{i,t-1} + \alpha_2 DOCI_{i,t-1} + \alpha_3 SUE_{i,t-1} + \alpha_4 WX_{i,t-1} \\ & + \alpha_5 FV\_sd_{i,t-1} + \alpha_6 FOLLOW_{i,t-1} + \alpha_7 EV_{i,t-1} + \alpha_8 LEV_{i,t-1} \\ & + \alpha_9 \sum IND + \alpha_{10} \sum YEAR + \varepsilon_{i,t} \end{aligned} \tag{5-6}$$

表 5－5 中模型（5－5）和模型（5－6）的回归结果显示，无论是当期每股其他综合收益（OCI），还是近三年累计每股其他综合收益（OCI_T），均与企业下一年的实际每股收益（MEPS）在 1% 水平下显著正相关，回归系数分别为 0.140 和 0.185，说明 OCI 具有预测能力。

（二）其他综合收益的波动对分析师预测准确性的影响

OCI 主要反映一定期间内公允价值计量的资产负债的价值变动，特别是金融工具、套期保值等项目的利率、汇率的变动直接与资本市场相联系。OCI 的剧烈波动可以在一定程度上反映企业面临较大的市场风险，也预示企业可能存在较大的投资风险。OCI 的波动性可以释放企业可能面临的潜在风险信息。具有专业分析能力的证券分析师可以依据 OCI 的波动性特征，对企业未来盈余做出合理的判断和预测。当然，OCI 的波动还可能是企业盈余管理行为所致，换言之，OCI 的波动性还可能给证券分析师带来一定的信息干扰。若 OCI 的波动导致分析师盈余预测准确性上升，则表明 OCI

① 当 OCI 为零时，取值为 1，否则，赋值为 0。

传递了增量信息；反之，若导致分析师盈余预测准确性下降，则表明 OCI 有可能本身不具备信息含量或者 OCI 及其波动给分析师盈余预测带来了干扰。为此，我们以第 t 年分析师盈余预测准确性（ACCURACY）[①] 为被解释变量，OCI 的波动（OCI_sd）为解释变量，在本书已定义的控制变量［实际每股收益的波动（MEPS_sd）、分析师跟踪规模（FOLLOW）、资产负债率（LEV）］的基础上，增加控制了第 t-1 年个股回报率（RET）、账面市值比（BM）、前十大股东持股比例（TOP10_Ratio）和审计意见（AUDIT）（与第四章定义相同：若审计意见为标准无保留意见，则赋值为 0，否则赋值为 1），构建模型（5-7）。

$$\begin{aligned}ACCURACY_{i,t} = {} & \alpha_0 + \alpha_1 OCI\_sd_{i,t-1} + \alpha_2 MEPS\_sd_{i,t-1} + \alpha_3 FOLLOW_{i,t-1} \\ & + \alpha_4 RET_{i,t-1} + \alpha_5 BM_{i,t-1} + \alpha_6 TOP10\_Ratio_{i,t-1} \\ & + \alpha_7 LEV_{i,t-1} + \alpha_8 AUDIT_{i,t-1} + \alpha_9 \sum IND \\ & + \alpha_{10} \sum YEAR + \varepsilon_{i,t} \qquad (5-7)\end{aligned}$$

表 5-5 中模型（5-7）回归结果显示，OCI 的波动（OCI_sd）与分析师盈余预测准确性（ACCURACY）在 1% 的水平下显著正相关，回归系数为 0.006。这表明分析师有能力通过其专业信息解读和数据处理优势，挖掘 OCI 波动性特征中蕴含的有用信息，提高盈余预测的准确性，也从侧面印证了 OCI 对分析师而言具有信息含量。

表 5-5　　进一步分析检验结果

变量名	模型（5-5）	模型（5-6）	模型（5-7）
	因变量：MEPS		因变量：ACCURACY
OCI	0.140*** (2.84)		
DOCI	0.051*** (2.61)	0.041 (1.64)	

① 即每股收益预测值与实际值的偏离程度。即 $ACCURACY_t = -abs(FEPS_t - MEPS_t)/abs(Price_{t-1})$，其中 $FEPS_t$ 为第 t 年分析师盈余预测均值，$MEPS_t$ 为年报中第 t 年实际每股收益，$Price_{t-1}$ 为期初股价。

续表

变量名	模型（5－5）	模型（5－6）	模型（5－7）
	因变量：MEPS		因变量：ACCURACY
OCI_T		0.185*** (4.99)	
OCI_sd			0.006*** (2.62)
MEPS_sd			－0.025*** (－3.47)
RET			0.003*** (4.65)
BM			－0.021*** (－11.90)
TOP10_Ratio			0.000*** (3.18)
AUDIT			0.015** (2.38)
SUE	0.109*** (11.92)	0.091*** (8.40)	
WX	0.092*** (5.46)	0.107*** (5.36)	
PB	0.006** (2.21)		
FV_sd	0.745* (1.84)	0.297 (0.72)	
FOLLOW	0.172*** (12.71)	0.230*** (9.55)	0.002*** (4.51)
LEV	－0.245*** (－3.27)	－0.106 (－1.24)	－0.015*** (－5.38)
EV	0.171*** (2.97)	0.362*** (4.69)	
IND	控制	控制	控制
YEAR	控制	控制	控制

续表

变量名	模型（5－5）	模型（5－6）	模型（5－7）
	因变量：MEPS		因变量：ACCURACY
_cons	－0.100 （－1.41）	－0.405*** （－3.91）	－0.025*** （－3.37）
N	6227	3595	8385
adj_R^2	0.168	0.168	0.168

注：回归系数已经过 White 异方差处理；*** 表示在 1% 水平下显著；** 表示在 5% 水平下显著；* 表示在 10% 水平下显著。

第四节　内生性的控制

一、PSM 倾向得分匹配法

为避免潜在的内生性干扰，借鉴肖虹和李少轩（2017）的方法，对研究样本进行了 PSM 匹配。为保证匹配的合理性，本书将 OCI 为非零的样本作为处理组，赋值为 1，其余赋值为 0。当因变量是分析师盈余预测的波动（FEPS_sd）时，选择企业规模（SCALE）①、资产负债率（LEV）、每股无形资产（WX）、市净率（PB）和债务保障程度（EV）作为协变量，构建模型（5－8）。当因变量是分析师盈余预测（FEPS）时，选择 SCALE、LEV、WX 和 PB 作为协变量，构建模型（5－9）。模型（5－8）和模型（5－9）的 Logit 回归结果显示（见表 5－6）所有协变量回归系数均显著。本书选择了半径匹配对 OCI 的波动性与分析师盈余预测的关系进行再检验。模型（5－8）的半径匹配的平均处理效应（ATT）为－0.016，对应的 T 值为－3.05，在 1% 的水平上显著，模型（5－9）的半径匹配的平均处理效应（ATT）为－0.039，对应的 T 值为－2.41，在 5% 的水平上显著，且所有匹配仅损失少量样本。本书进一步做了平衡性检验以确保匹配的有效性。

① 企业规模（SCALE）在本书具体定义为：公司期末总资产的自然对数。

平衡性检验结果显示（见表5－7和表5－8），PSM匹配后所有协变量标准化偏差的绝对值均小于10%，且对应的T检验基本不显著。这说明通过了平衡性检验，匹配过程及结果有效。本书利用PSM匹配后的数据重新对所有假设进行了检验（PSM匹配后主回归结果见表5－9），研究结论仍基本保持不变。

$$DOCI_{i,t} = \alpha_0 + \alpha_1 SCALE_{i,t} + \alpha_2 LEV_{i,t} + \alpha_3 WX_{i,t} + \alpha_4 PB_{i,t} + \alpha_5 EV_{i,t} + \varepsilon_{i,t} \quad (5-8)$$

$$DOCI_{i,t} = \alpha_0 + \alpha_1 SCALE_{i,t} + \alpha_2 LEV_{i,t} + \alpha_3 WX_{i,t} + \alpha_4 PB_{i,t} + \varepsilon_{i,t} \quad (5-9)$$

表5－6　其他综合收益披露影响因素的Logit回归

变量名	模型（5－8）		模型（5－9）	
	系数	Z值	系数	Z值
SCALE	0.765***	27.65	0.762***	27.46
LEV	－0.894***	－5.82	－0.776***	－5.31
WX	－0.071**	－2.56	－0.073***	－2.62
PB	0.015***	3.67	0.016***	3.88
EV	0.085*	－1.71		
Constant	－16.39***	－28.02	－16.378***	－27.91
样本量	8799		8752	
LR chi2	1284.18		1279.10	
Pseudo R^2	0.107		0.108	

注：*、**、***分别表示在10%、5%、1%的水平上显著。

表5－7　倾向得分匹配的平衡性检验（因变量：FEPS_sd）

变量名	均值		处理组与控制组的差异（%）	均值T检验	
	处理组	控制组		T值	P值
SCALE	22.643	22.642	0.1	0.04	0.968
LEV	0.444	0.445	－0.8	－0.41	0.685
WX	0.553	0.513	4.5	2.15	0.032
PB	3.647	3.626	0.3	0.17	0.861
EV	0.185	0.187	－0.4	－0.28	0.779

表 5 - 8　　倾向得分匹配的平衡性检验（因变量：FEPS）

变量名	均值		处理组与控制组的差异（%）	均值 T 检验	
	处理组	控制组		T 值	P 值
SCALE	22.659	22.661	-0.1	-0.07	0.943
LEV	0.445	0.448	-1.5	-0.74	0.457
WX	0.551	0.526	2.7	1.29	0.197
PB	3.639	3.599	0.6	0.33	0.738

表 5 - 9　　PSM 后主回归结果

变量名	模型 5 - 1	模型 5 - 2	模型 5 - 3	模型 5 - 4
	因变量：FEPS_sd	因变量：FEPS		
OCI_sd	0.070*** (3.33)		0.267*** (6.70)	0.838*** (4.05)
MEPS × OCI_sd				-0.853*** (-3.63)
MEPS		0.513*** (7.27)		0.572*** (8.97)
MEPS_sd	0.165*** (4.86)	0.043 (0.44)	0.313*** (5.15)	0.099 (1.39)
WX	0.025*** (4.21)	0.033** (2.46)	0.073*** (4.58)	0.028** (2.32)
PB	0.001*** (2.82)	0.005** (2.43)	0.004** (2.43)	0.005** (2.52)
ROE	0.127** (2.52)			
FV_sd	0.129 (1.30)	0.481 (1.41)	0.989** (2.46)	0.386 (1.19)
FOLLOW	0.023*** (6.26)	0.048*** (3.00)	0.156*** (17.13)	0.039*** (3.05)
EV	0.010* (1.75)	0.084*** (4.01)	0.191*** (5.80)	0.077*** (3.70)
LEV		0.150*** (4.17)	-0.054 (-1.18)	0.137*** (3.91)

续表

变量名	模型 5－1	模型 5－2	模型 5－3	模型 5－4
	因变量：FEPS_sd	因变量：FEPS		
IND	控制	控制	控制	控制
YEAR	控制	控制	控制	控制
_cons	0.118*** (4.05)	0.136** (2.19)	－0.003 (－0.06)	0.139** (2.24)
N		6678	6678	6678
adj_R^2		0.489	0.489	0.489

注：回归系数已经过 White 异方差处理；*** 表示在 1% 水平下显著；** 表示在 5% 水平下显著；* 表示在 10% 水平下显著。

二、处理效应模型

我国上市公司对 OCI 披露不规范，部分企业少列或者多列 OCI（刘永泽等，2011）。我们在数据处理过程中也发现了漏报、谎报和错报 OCI 的现象。换言之，部分公司存在应列报而实际未列报的 OCI。列报 OCI 的动机和概率受公司盈利状况、公司规模以及业绩波动幅度大小等因素的影响。若公司盈利状况较差，且公司规模较小，抗风险能力相对较弱，则更有动力进行盈余管理，可能降低披露 OCI 的意愿。反之，倾向于披露 OCI。因此，为避免模型中解释变量存在样本选择偏误而导致的内生性问题，本书引入 OCI 的虚拟变量作为处理变量，选择方程引入是否亏损（LOSS）①、公司规模（SCALE）、市净率（PB）、公允价值变动损益的波动（FV_sd）和年个股回报率的波动（RET_sd）②，并控制行业效应。现建立处理效应模型进行两阶段分析。具体处理效应模型为：

$$\Pr\{DOCI = 1\} = \alpha_0 + \alpha_1 LOSS_{i,t} + \alpha_2 SCALE_{i,t} + \alpha_3 PB_{i,t} + \alpha_4 FV\_sd_{i,t} + \alpha_5 RET\_sd_{i,t} + \alpha_6 \sum IND + \varepsilon_{i,t} \quad (5-10)$$

① 当年为亏损，赋值为 1，否则，赋值为 0。

② 以第 t 年公允价值变动损益（FV）和个股回报率（RET）为基础，分别计算连续三年的滚动标准差得到公允价值变动损益的波动（FV_sd）和年个股回报率的波动（RET_sd）。

$$FEPS\_sd_{i,t} = \alpha_0 + \alpha_1 OCI\_sd_{i,t-1} + \alpha_2 DOCI_{i,t} + \alpha_3 MEPS\_sd_{i,t-1} + \alpha_4 WX_{i,t-1} + \alpha_5 PB_{i,t-1} + \alpha_6 ROE_{i,t-1} + \alpha_7 FV\_sd_{i,t-1} + \alpha_8 FOLLOW_{i,t-1} + \alpha_9 EV_{i,t-1} + \alpha_{10} \sum IND + \alpha_{11} \sum YEAR + \varepsilon_{i,t} \quad (5-11)$$

$$FEPS_{i,t} = \alpha_0 + \alpha_1 OCI\_sd_{i,t-1} + \alpha_2 DOCI_{i,t} + \alpha_3 MEPS\_sd_{i,t-1} + \alpha_4 WX_{i,t-1} + \alpha_5 PB_{i,t-1} + \alpha_6 FV\_sd_{i,t-1} + \alpha_7 FOLLOW_{i,t-1} + \alpha_8 LEV_{i,t-1} + \alpha_9 EV_{i,t-1} + \alpha_{10} \sum IND _+ \alpha_{11} \sum YEAR + \varepsilon_{i,t} \quad (5-12)$$

$$FEPS_{i,t} = \alpha_0 + \alpha_1 OCI\_sd_{i,t-1} + \alpha_2 MEPS_{i,t-1} \times OCI\_sd_{i,t-1} + \alpha_3 MEPS_{i,t-1} + \alpha_4 DOCI_{i,t} + \alpha_5 MEPS\_sd_{i,t-1} + \alpha_6 WX_{i,t-1} + \alpha_7 PB_{i,t-1} + \alpha_8 FV\_sd_{i,t-1} + \alpha_9 FOLLOW_{i,t-1} + \alpha_{10} LEV_{i,t-1} + \alpha_{11} EV_{i,t-1} + \alpha_{12} \sum IND + \alpha_{13} \sum YEAR + \varepsilon_{i,t} \quad (5-13)$$

通过处理效应模型两阶段分析，我们可以看出，(1) 公司规模较大、盈利状况较好的企业，较倾向于披露 OCI，反之，公司规模较小、企业发生亏损的企业则倾向于不列报 OCI。(2) 在模型 (5-11) 和模型 (5-12) 的处理效应中，对应的 lambda 值分别为 -0.046、-0.358，且在 1% 水平上显著，在模型 (5-13) 的处理效应中，对应的 lambda 值为 -0.009，但不显著。在模型 (5-11) 和 (5-12) 中，DOCI 的系数分别为 0.060 和 0.569，且在 1% 水平下显著。经过处理效应模型两阶段分析后，模型显著性依然很强，所有解释变量回归系数均在 1% 水平上显著。这说明在控制了可能的样本选择偏误造成的内生性后，本书研究结论基本不变（见表 5-10）。

表 5-10　　处理效应模型回归结果

变量名	模型 (5-11)	模型 (5-12)	模型 (5-13)
	因变量：FEPS_sd	因变量：FEPS	
OCI_sd	0.074*** (4.825)	0.255*** (5.691)	0.877*** (17.142)
MEPS × OCI_sd			-0.880*** (-19.709)

续表

变量名	模型（5-11）	模型（5-12）	模型（5-13）
	因变量：FEPS_sd	因变量：FEPS	
MEPS			0.631*** (69.524)
DOCI	0.060*** (3.944)	0.569*** (10.409)	0.003 (0.062)
WX	0.021*** (7.326)	0.074*** (8.840)	0.030*** (4.793)
PB	0.002*** (3.749)	0.011*** (7.774)	0.006*** (6.544)
ROE	0.124*** (5.248)		
FV_sd	0.098 (1.297)	0.342 (1.425)	0.460*** (2.762)
FOLLOW	0.021*** (7.140)	0.135*** (16.265)	0.034*** (5.180)
EV	0.019*** (3.703)	0.154*** (9.774)	0.062*** (5.191)
LEV		-0.397*** (-8.082)	0.136*** (3.590)
Control Variables	控制	控制	控制
IND	控制	控制	控制
YEAR	控制	控制	控制
cons	0.090*** (3.815)	-0.074 (-0.971)	0.105* (1.956)

处理效应方程：

变量名	模型（5-10）（因变量：DOCI）		
LOSS	-0.321*** (-4.429)	-0.303*** (-4.177)	-0.303*** (-4.177)
SCALE	0.455*** (28.291)	0.458*** (28.293)	0.458*** (28.293)
FV_sd	8.900*** (8.448)	9.084*** (8.558)	9.084*** (8.558)

续表

变量名	模型（5-11）	模型（5-12）	模型（5-13）
	因变量：FEPS_sd	因变量：FEPS	
PB	0.007** (2.262)	0.007** (2.272)	0.007** (2.272)
RET_sd	0.114*** (2.854)	0.114*** (2.830)	0.114*** (2.830)
IND	控制	控制	控制
_cons	-10.298*** (-26.575)	-10.389*** (-26.591)	-10.389*** (-26.591)
hazard：			
lambda	-0.046*** (-4.731)	-0.358*** (-10.459)	-0.009 (-0.371)
N	6834	6785	6785

注：*** 表示在1%水平下显著；** 表示在5%水平下显著；* 表示在10%水平下显著。

第五节　稳健性检验

为确保本书研究结论的可靠性，减少变量度量方法不合理、变量和样本选择等造成的偏误，我们进行稳健性检验如下：

首先，变换因变量的度量。我们将分析师盈余预测值及其波动用以分析师预测值的中位数为基础进行数据处理后重新进行回归，回归结果依然显著，假设仍然成立（见表5-11）。

其次，同时替换部分控制变量。本书同时将债务保障程度（EV）替换为每股经营现金流量净额（CFO）、分析师跟踪规模（FOLLOW）替换为研报关注规模（REPATT）①，公允价值变动损益的波动（FV_sd）替换为每股公允价值变动损益（FV），替换控制变量后，研究结论基本不变（见表5-12）。

① 研报关注规模（REPATT）具体定义为：Ln（1+第t-1年研报关注数量）。

最后，由于2014年会计准则变更了其他综合收益相关规定，可能会对OCI的波动带来政策冲击，我们进一步剔除了2014年的上市公司样本数据，回归结果显示，在剩余样本中主要变量的回归系数符号不变，且显著性仍然很强，基本结论保持不变（见表5-13）。

表5-11　稳健性检验（变换因变量的度量）

变量名	模型5-1	模型5-2	模型5-3	模型5-4
	因变量：FEPS_sd	因变量：FEPS		
OCI_sd	0.081*** (3.37)		0.291*** (6.77)	0.901*** (3.64)
MEPS		0.569*** (7.84)		0.631*** (9.70)
MEPS×OCI_sd				-0.901*** (-3.24)
MEPS_sd	0.174*** (4.39)	0.043 (0.39)	0.346*** (5.07)	0.098 (1.26)
WX	0.027*** (3.79)	0.037** (2.52)	0.084*** (4.76)	0.032** (2.40)
PB	0.002*** (4.09)	0.006*** (2.99)	0.008*** (2.59)	0.006*** (3.09)
ROE	0.164*** (2.80)			
FV_sd	0.269** (2.01)	0.581* (1.68)	1.176*** (2.84)	0.490 (1.49)
FOLLOW	0.030*** (7.49)	0.051*** (2.86)	0.179*** (17.48)	0.041*** (3.04)
EV	0.020*** (3.00)	0.068*** (4.06)	0.150*** (4.09)	0.063*** (3.90)
LEV		0.153*** (4.11)	-0.112** (-1.99)	0.146*** (3.99)
IND	控制	控制	控制	控制
YEAR	控制	控制	控制	控制

续表

变量名	模型 5-1	模型 5-2	模型 5-3	模型 5-4
	因变量：FEPS_sd	因变量：FEPS		
_cons	0.105*** (3.59)	0.133** (2.03)	-0.032 (-0.48)	0.133** (2.02)
N	7047	6996	6996	6996
adj_R^2	0.518	0.518	0.518	0.518

注：回归系数已经过 White 异方差处理；*** 表示在 1% 水平下显著；** 表示在 5% 水平下显著；* 表示在 10% 水平下显著。

表 5-12　　稳健性检验（同时替换部分控制变量）

变量名	模型 5-1	模型 5-2	模型 5-3	模型 5-4
	因变量：FEPS_sd	因变量：FEPS		
OCI_sd	0.055** (2.47)		0.186*** (3.17)	0.862*** (3.71)
MEPS		0.569*** (8.02)		0.631*** (9.72)
MEPS × OCI_sd				-0.879*** (-3.37)
MEPS_sd	0.173*** (4.90)	0.042 (0.38)	0.337*** (4.90)	0.096 (1.24)
WX	0.021*** (4.15)	0.033*** (2.65)	0.075*** (4.79)	0.029*** (2.59)
PB	0.001*** (3.19)	0.005*** (3.08)	0.005*** (3.22)	0.005*** (3.17)
ROE	0.146*** (2.95)			
FV	0.066 (0.69)	0.257 (1.20)	0.596** (2.16)	0.258 (1.22)
REPATT	0.018*** (6.43)	0.035** (2.56)	0.134*** (16.34)	0.027** (2.55)
CFO	0.007 (1.52)	0.010** (2.13)	0.047* (1.66)	0.008 (1.44)

续表

变量名	模型 5－1	模型 5－2	模型 5－3	模型 5－4
	因变量：FEPS_sd	因变量：FEPS		
LEV		0.092 *** (2.69)	－0.262 *** (－5.14)	0.091 *** (2.69)
IND	控制	控制	控制	控制
YEAR	控制	控制	控制	控制
_cons	0.127 *** (4.43)	0.172 *** (2.72)	0.066 (1.09)	0.168 *** (2.65)
N	7049	6998	6998	6998
adj_R^2	0.523	0.523	0.523	0.523

注：回归系数已经过 White 异方差处理；*** 表示在 1% 水平下显著；** 表示在 5% 水平下显著；* 表示在 10% 水平下显著。

表 5－13　　稳健性检验（剔除 2014 年样本数据）

变量名	模型 5－1	模型 5－2	模型 5－3	模型 5－4
	因变量：FEPS_sd	因变量：FEPS		
OCI_sd	0.081 *** (3.37)		0.265 *** (5.54)	0.988 *** (4.53)
MEPS		0.569 *** (6.82)		0.645 *** (8.17)
MEPS × OCI_sd				－1.017 *** (－3.76)
MEPS_sd	0.174 *** (4.39)	－0.002 (－0.01)	0.424 *** (4.95)	0.094 (0.78)
WX	0.027 *** (3.79)	0.028 ** (2.50)	0.071 *** (4.24)	0.023 ** (2.24)
PB	0.002 *** (4.09)	0.008 *** (3.63)	0.006 *** (3.60)	0.008 *** (3.71)
ROE	0.164 *** (2.80)			
FV_sd	0.269 ** (2.01)	0.684 * (1.76)	1.114 ** (2.49)	0.562 (1.54)

续表

变量名	模型 5－1	模型 5－2	模型 5－3	模型 5－4
	因变量：FEPS_sd	因变量：FEPS		
FOLLOW	0. 030 *** (7. 49)	0. 052 *** (2. 63)	0. 175 *** (14. 68)	0. 038 ** (2. 46)
EV	0. 020 *** (3. 00)	0. 082 *** (3. 14)	0. 202 *** (5. 00)	0. 071 *** (2. 68)
LEV		0. 197 *** (4. 67)	－0. 061 (－1. 12)	0. 186 *** (4. 61)
IND	控制	控制	控制	控制
YEAR	控制	控制	控制	控制
_cons	0. 105 *** (3. 59)	0. 047 (0. 76)	－0. 137 ** (－2. 05)	0. 044 (0. 73)
N	7047	5407	5407	5407
adj_R^2	0. 520	0. 520	0. 520	0. 520

注：回归系数已经过 White 异方差处理；*** 表示在 1% 水平下显著；** 表示在 5% 水平下显著；* 表示在 10% 水平下显著。

本章小结

本书研究了 OCI 的波动性对分析师盈余预测的影响，并区分业务复杂程度和内部控制质量进行了分组检验。实证结果发现，OCI 的波动与分析师盈余预测的波动显著正相关。OCI 的波动不仅直接正向影响分析师盈余预测，而且会通过抑制实际每股收益与分析师盈余预测的正相关关系，进而间接影响分析师盈余预测。OCI 及其波动性对分析师盈余预测的影响在公司业务复杂程度高、内部控制质量较高时更为显著。实证结果表明，OCI 具有预测能力，其波动可提高分析师盈余预测准确性，能够为分析师盈余预测提供增量信息，这也从侧面印证了会计信息的决策有用性。

第六章　研究结论与政策建议

第一节　研究结论

会计信息披露会影响资源配置效率，是资本市场高质量发展的基石。因而，提升会计信息有用性及其信息含量是现阶段推动我国经济高质量发展的内在要求。随着资本市场快速发展，与市场价格波动相联系的基于未来现金流的交易或事项越来越多，传统的会计收益很难真实反映企业价值变动，而包含大量公允价值变动信息的 OCI 已成为重要的信息来源。本书从 OCI 形成的经济实质出发，尝试从会计计量视角对 OCI 进行了概念界定和特征归纳，笔者认为 OCI 是企业业绩决定过程中会计计量上的错配导致，是现行价值计量与混合计量属性的现实应用所导致的错配差异。相对于净利润，OCI 具有未实现特征，一般源于非核心业务，不属于日常经营活动形成的利得或损失。本书从概念层面将 OCI 界定为：企业一定期间内源于会计计量的逻辑错配，由投资者投入资本或利润（或股利）分配以外的交易事项形成的，会导致所有者权益变化的已确认未实现且不能在当期损益中确认的各项利得或损失。此外，本书基于 2012 ~ 2018 年 A 股上市公司样本数据，从投资者、债权人和证券分析师视角对 OCI 的信息含量进行了全面、系统而深入的研究。本书分别从 OCI 列报对投资者超额报酬、银行信贷决策和分析师盈余预测三个方面的影响进行了实证检验。研究发现，投资者视角下，基于盈余反应系数模型的 OCI 列报与投资者超额报酬的关系检验结果表明，OCI 的列报会降低企业盈余反应系数，削弱企业未预期盈余对累计超额报酬的影响程度，这可能与 OCI 导致投资者对企业未来盈余及其持续性的保守估计和投资者认知能力不足有关；债权人视角下，OCI 无论是对信贷规模、贷款成本还是信贷结构（包括贷款性质结构和贷款期限结构）均具有信息含量；证券分析师视角下，关于 OCI 的信息含量研究发现，OCI 及其波动能够为分析师盈余预测提供增量信息，可提高分析师盈余预测的准确性。OCI 的波动不仅直接正向影响分析师盈余预测，而且会通过抑制实际每股收益与分析师盈余预测的正相关关系，进而间接影响分析师盈余预测。

具体而言，本书主要研究结论如下：

第一，从计量视角对 OCI 的概念界定及其特征进行了初步探讨，认为 OCI 是业绩决定过程中会计计量上的错配导致，是现行价值计量与混合计量属性的现实应用所导致的错配差异。本书将 OCI 界定为：企业一定期间内源于会计计量的逻辑错配，由投资者投入资本或利润（或股利）分配以外的交易事项形成的，会导致所有者权益变化的已确认未实现且不能在当期损益中确认的各项利得或损失。相对于净利润，OCI 具有未实现特征，一般源于非核心业务，不属于日常经营活动形成的利得或损失。

第二，在 OCI 列报对投资者超额报酬的影响研究中，本书基于 REC 视角进行了 OCI 列报的市场反应分析。检验结果表明，OCI 的列报会降低企业盈余反应系数，削弱企业未预期盈余对累计超额报酬的影响程度，这可能与 OCI 导致投资者对企业未来盈余及其持续性的保守估计和投资者认知能力不足有关。进一步研究发现，当提供审计服务的会计师事务所不是来自四大、股东关联度高或高管持股比例高时，OCI 与盈余反应系数的负向关系更显著，说明外部监督机制“失灵”和内部治理水平下降加剧了两者的负向作用。当机构投资者持股比例较低时，OCI 与盈余反应系数的负向关系更显著，且 2014 年 OCI 准则列报要求变更后两者的负向关系也更显著。这说明投资者认知能力和会计制度变迁是影响 OCI 信息含量的重要因素。本书还进一步从 OCI 与未预期盈余波动以及 OCI 与盈余持续性的关系两方面进行了内在机理检验：一方面，OCI 会使投资者改变对企业未来盈余的预期，加大未预期盈余的波动；另一方面，OCI 列报降低了盈余持续性，进一步加剧了盈余持续性对 ERC 的负面影响。

此外，本书的研究结论仅说明 OCI 列报对投资者的市场反应，并未否定准则中 OCI 列报变更的作用。因为会计准则中 OCI 列报变更目的是提升会计信息的整体有用性，而整体有用性应不仅仅针对投资者，而应包括投资者、债权人、证券分析师、审计师、政府部门等在内的所有会计信息使用者。而且将 OCI 与净利润分开列报，以此突出包括净利润信息在内的其他会计信息的有用性，有利于提升会计信息整体信息含量。第三章对 2014 年 OCI 列报制度变革的影响研究中，检验发现未预期盈余（SUE）、OCI 与未预期盈余的交乘项（OCI × SUE）的回归系数均由不显著变为显著，从侧面说明了准则变更有利于整体盈余信息含量的提升。

第三，在 OCI 对银行信贷决策的影响的实证研究中，不仅从信贷规模、贷款成本和贷款期限结构三个方面进行了深入研究，而且区分不同贷款类型中风险承担对象差异对贷款性质结构进行了研究，探讨了 OCI 与银行信用贷款决策的关系。具体研究结论如下：首先，基本回归结果显示，OCI 显著影响信贷规模、信贷成本、贷款性质结构和贷款期限结构，OCI 在银行信贷决策中具有信息含量。其中，OCI 与银行信贷规模、第 t－2 期 OCI 与企业可获得的长期借款比例显著负相关，而 OCI 与信贷成本、银行信用贷款比例却呈显著正相关关系。这说明 OCI 影响银行信贷决策受正反两个方面的影响，但在不同的信贷决策类型时可能对 OCI 正反两个方面作用的关注度不同，进而赋予的权重有差异，导致在具体信贷决策类型时，OCI 的净影响可能为正或者负。其次，分组检验结果发现，公司治理水平在 OCI 的银行信贷决策影响中具有调节作用，企业内外部治理水平越好，OCI 对银行信贷决策（信贷规模、贷款成本、贷款性质结构和贷款期限结构）的影响更显著。其具体表现为：在高管持股比例低组、总经理与董事长“二职分置”组和企业机构投资者持股比例高组中，OCI 对银行信贷决策（信贷规模、贷款成本、贷款性质结构和贷款期限结构）的影响更显著。最后，进一步研究发现：(1) 对其作用机理进行检验发现，信息透明度在 OCI 的银行信贷决策影响中发挥部分中介作用。OCI 不仅直接影响银行信贷决策，还可通过提升信息透明度进一步提升信贷决策信息含量。OCI 列报对应计盈余管理和真实盈余管理均具有抑制作用，有利于证券交易所公布的信息披露考评。(2) 本书认为 OCI 自身具有预测价值。经检验发现，OCI 可预测企业未来现金流，具有一定的预测能力，这可能是 OCI 具有信贷决策信息含量的最根本原因。(3) OCI 的波动性在银行信贷规模、贷款成本和贷款期限结构决策中具有信息含量，且银行对 OCI 波动方向的关注具有非对称性，在信贷规模和贷款利率决策中更加关注 OCI 的负向波动，在贷款期限结构决策中更加关注 OCI 的正向波动。(4) 对 OCI 正负符号的信息含量分组检验发现，银行在信贷规模决策时对 OCI 的关注具有对称性，无论是正向还是负向 OCI 均具有信息含量。在贷款利率和贷款结构（包括贷款性质结构决策和贷款期限结构）决策时对 OCI 的关注具有非对称性，在贷款利率决策时更加关注负向 OCI 信息。在贷款结构（包括贷款期限结构决策和贷款期限结构）决策时更加关注正向 OCI 信息。(5) 2014 年 OCI 分类列报制度改革显著影响了贷款成本和银行贷款性质结构（银行信用贷款比例)，使 OCI 在银行信贷决策中的信息含量显著增强。

第四，在对 OCI 的波动性对分析师盈余预测的影响的实证研究中，基于 OCI 的波动性特征探讨了 OCI 及其波动性对分析师盈余预测值及其预测准确性的影响，研究发现，OCI 的波动与分析师盈余预测的波动显著正相关。OCI 的波动不仅直接正向影响分析师盈余预测，而且会通过抑制实际每股收益与分析师盈余预测的正相关关系，进而间接影响分析师盈余预测。OCI 及其波动性对分析师盈余预测的影响在公司业务复杂程度高、内部控制质量较高的企业中更为显著。实证结果表明，OCI 具有预测能力，其波动可提高分析师盈余预测准确性，能够为分析师盈余预测提供增量信息。

第二节　政策建议

随着我国会计实务的发展，OCI 从其概念引入利润表中分类分项目列报改革，也经历了准则层面的蜕变。OCI 理论上具有一定先进性，但鉴于其现行价值计量属性和波动性、暂时性、不确定性、复杂性、未实现性等特征，使实务中 OCI 是否具有信息含量和信息有用性的问题变得复杂和具有不确定性。包括 OCI 在内的会计信息是投资者投资决策、银行信贷决策和分析师盈余预测的重要信息来源。会计信息含量受多重因素影响，不仅依赖于会计信息质量、会计准则、信息披露制度和市场环境，还受信息使用者认知能力与习惯的影响。因此，本书 OCI 的信息含量研究结合了实务中的这些影响因素进行研究。本书选取了投资者、债权人（银行）和证券分析师三个主体，基于不同的信息使用者视角探讨了 OCI 的信息含量，并从理论层面对 OCI 进行定义，对其基本特征进行了归纳。现结合本书的 OCI 披露现状及问题分析和主要研究结论，分别从准则制定机构、信息使用者、企业和资本市场完善四个方面提出相关政策建议，以期为 OCI 相关的准则修订、信息披露制度完善、信息使用者认知能力提升、信息披露内外部监管的加强等提供一定借鉴与参考。

一、对准则制定机构的建议

（一）从会计要素层面增加利得和损失两大会计要素

作为会计报表的基本构成要素，会计要素设置的合理性将直接影响会计科目设置和报表编制的科学性。我国现行会计准则规定了六大会计要素，分别为资产、负债、所有者权益、收入、费用和利润，而利得和损失并未纳入其中。理论上而言，所有会计科目均应归属于某一会计要素。利得与损失对应的会计科目并未被六大会计要素所涵盖，客观上不具有合理性。随着经济快速发展，我国 OCI 列报列报制度几经变革，“收入 - 费用 = 利润”这一利润表报表编制的理论基础的弊端也逐渐明显。因此建议将利得和损失纳入会计要素之中，并修改动态会计等式为“收入 - 费用 + 利得 - 损失 = 综合收益”，以便更好地反映资产负债观和全面收益理念。

（二）从准则和概念框架高度进一步完善其他综合收益定义、确认标准、重分类及列报相关规定

首先，应从准则和概念框架高度进一步明确其他综合收益的定义及其确认标准。

目前，关于 OCI 的相关规定，我国采用列举的方式散见于各具体准则

之中，并随 OCI 实务发展需要才进行具体规范，未从根本上解决 OCI 的定义和确认问题，缺乏能为准则提供指导的综合收益概念框架。从而导致实务中 OCI 信息缺乏可比性，给信息使用者的信息解读带来困扰，OCI 的信息有用性大打折扣，甚至出现 OCI 运用的混乱。OCI 信息含量的提升最根本地应依赖于 OCI 信息质量的提升。因此，建议制定一个综合收益概念框架，在该概念框架指导下从准则高度明确 OCI 的定义和确认，这是从根本上解决 OCI 实务应用混乱的内在要求。

其次，应完善其他综合收益重分类相关规定。

OCI 的重分类也会影响会计盈余质量，进而对 OCI 信息含量传递造成影响。除了重视 OCI 的概念界定和确认之外，已确认为 OCI 项目的后期重分类问题也应引起重视。不同的重分类处理规定会直接影响 OCI 的确认和计量，从而影响报表中列示的各期盈余信息。若 OCI 重分类规定不合理，可能会造成会计实务的混乱，降低财务报表服务于决策的能力。目前，对于 OCI 是否可以重分类各国准则规定差异明显，我国会计准则对此作出特殊规定，按 OCI 是否能重分类硬性划分为两类列报，虽然能暂时应对会计实践的需要，但不是长久之计。因而，准则制定机构应制定一个科学规范的 OCI 重分类标准。

最后，应对利润表进行更名，并积极推进列报改革。

目前的利润表列报模式是“净利润 + OCI”的方式进行列报，即净利润主要按收入费用观进行列报，而 OCI 按资产负债观进行列报，两类信息同时反映在利润表中。其目的是希望在不改变传统损益理念的前提下，反映企业净资产的所有价值变动，提高收益列报的相关性。我们认为，按新准则编制的利润表实质为利润表和综合收益表两表信息的集合，已不符合“收入 - 费用 = 利润”的编制基础，目前的 OCI 列报方式仅仅是收入费用观向资产负债观转变的权宜之计。因此，应以“收入 - 费用 + 利得 - 损失 = 综合收益”作为新的编制基础，并对利润表进行更名，从而使该报表名称与反映的具体列报内容相符。总之，目前，利润表的列报模式是收入费用观向资产负债观转变过程中现实妥协的产物，还存在诸多列报的弊病，应积极加以改进，不断提升整体盈余信息的决策有用性。

（三）从制度层面完善信息披露制度，提高信息透明度和可读性，降低信息不对称带来的信息风险

OCI 涉及金融资产、套期保值、长期股权投资和职工薪酬等众多复杂业务，核算项目繁多，大量公允价值计量的金融资产的净资产变动与资本市场波动相关，这些因素客观上增加了 OCI 的理解难度。实务中，部分企业利用 OCI 的这些特点和部分 OCI 后期可重分类的特性在附注披露中进行隐晦性描述甚至误导性表述，给信息使用者造成一定的信息干扰，应从制度层面完善信息披露制度。随着注册制改革的深入推进和市场准入条件的逐步放宽，规范信息披露、提高信息透明度和可读性显得更加重要。2020 年 3 月实施的新《证券法》修订增加了“简明清晰，通俗易懂”的信息披露规定，提高了对信息可读性的要求，不仅有利于避免信息晦涩难懂误导投资者，还能减少企业利用 OCI 等相关隐晦信息干扰信息使用者主观判断的可能。

二、对信息使用者的建议

（一）信息使用者应主动提高对其他综合收益的重视程度，相关部门积极引导信息使用者对其他综合收益进行有效关注

一方面，信息使用者应意识到 OCI 信息的作用，进行主动挖掘 OCI 及其具体项目、重分类信息等增减变化蕴含的信息含量，以利于做出合理的决策。OCI 代表企业未来期间可转化为现实损益的潜力和可能性，具有预测能力，各会计信息使用者应该重视 OCI 传递的信息，提升决策的效率和效果。无论是投资者、债权人、审计师、证券分析师还是供应商，都应该充分利用公司披露的 OCI 信息进行风险识别、业绩评价和企业价值估计，以利于进行合理决策和预测，促进资源优化配置。另一方面，证券公司和证监会等相关部门可通过对 OCI 相关信息解读和宣传的方式引导信息使用者对 OCI 信息进行关注。

（二）提高信息使用者认知能力，促进理性决策

本书研究发现，投资者视角的OCI列报市场反应不是太积极，而OCI对债权人（银行）具有信贷决策有用性，能为证券分析师盈余预测提供增量信息。换言之，不同信息使用者之间存在OCI信息含量的差异。本书认为信息使用者认知能力，信息搜集、解读和处理能力的差异是其重要原因。大量信息使用者对于OCI的认知尚浅，不能明确区分OCI与净利润，严重影响其决策的合理性，这也是导致OCI信息有用性不同的重要原因。我国资本市场存在大量散户投资者和噪音交易者，他们缺乏对OCI的正确认知和深入理解，信息搜集和处理能力有限，更容易出现“功能锁定”，难以区分综合收益各部分的持续性差异，报表信息解读能力差，容易出现跟风投机行为。应从主观意识层面加强对包括OCI在内的相关会计信息解读培训工作和投资风险教育宣传，提高信息使用者综合能力，加大对信息使用者引导，培育积极健康的市场力量。此外，应规范证券从业资格，促进证券分析师队伍的整体素质提升，以利于充分发挥证券分析师在资本市场的信息传递作用。

三、对企业的建议

（一）从主观意识层面提高企业对其他综合收益的重视程度

从我国上市公司OCI的披露现状分析可知，2012～2018年我国沪深A股上市公司中，基本半数以上上市公司均有披露OCI。虽然披露OCI的公司数量和比例逐年上升，但各年披露的OCI在综合收益中占比的绝对值相对较低，且企业每股收益指标、管理者绩效考核等指标均未考虑OCI的影响，造成了部分报表制定者和会计信息使用者对OCI的重视和关注程度较低，甚至某些企业出现OCI的漏填或错报、混淆OCI与权益性交易事项、未按要求充分披露等不规范现象。企业作为报表制定者和信息供给方，应充分重视OCI信息带来的影响，规范OCI相关的会计核算，确保按准则规定对OCI相关信息进行规范列报与充分披露。

（二）提高会计信息生成的规范程度

首先，应全面提高会计人员素质，这是确保 OCI 相关会计信息规范披露的内在要求。相对传统历史成本计量的净利润，现行价值计量下的 OCI 对会计人员素质要求大幅提高，且大量主观职业判断的内容增加需要较高职业素养和综合素质的会计人员与之相适应。鉴于部分企业出现 OCI 的漏填或错报、混淆 OCI 与权益性交易事项、未按要求充分披露等现象，应在全国范围内加大对 OCI 的宣传力度和 OCI 的硬性学习要求，使企业财务会计人员素质与 OCI 披露要求相匹配。其次，规范会计信息处理流程，防止出现管理层利用 OCI 进行盈余操纵等现象。本书研究发现，OCI 信息列报有利于降低应计盈余管理和真实盈余管理。OCI 列报虽然限制了某些领域的盈余管理，但管理层仍有动机和能力进行更为隐蔽的盈余管理。企业会计审核人员应加大审核力度，最大限度地降低盈余管理的发生概率，同时减少管理层压力下的财务报表操纵现象。

（三）考虑将其他综合收益纳入高管薪酬评价指标中，进一步优化管理层绩效考核体系

现有管理层绩效考核体系基本以净利润为基础进行设计，未考虑 OCI 的影响。随着企业经营活动多样化，金融资产和衍生金融工具越来越普遍，将 OCI 纳入薪酬评价体系才能更好地反映管理层受托责任履行情况。否则，某些项目由于与资本市场息息相关，公允价值暂时性变动计入 OCI 而不会对管理层业绩评价造成影响，管理者可能忽视潜在风险而将资金投向这些高风险项目，最终使企业陷入高风险境地却能免于追责。若将 OCI 相关指标纳入管理层绩效考核体系，既能提升管理层受托责任评价的合理性，又可激励管理人员以更长远的眼光进行投资决策。应改进以历史成本基础的盈余指标为核心的绩效考核体系，建立 OCI 与资产、投入、所有者权益等相联系的业绩考核新指标体系，逐步将净利润以外的部分指标纳入管理层绩效考核范围，形成以净利润指标为基础、OCI 相关指标为辅助考核的业绩衡量体系，有利于合理评价管理层受托责任，促进企业目标与管理层个人利益的协调。

（四）多渠道提升公司治理水平，加强信息披露内部监管

OCI 信息的决策有用性除了受信息使用者认知能力与习惯、OCI 的可靠性、会计信息透明度影响之外，还受信息环境的制约。信息环境是信息生成的土壤，提升公司治理水平，加强企业信息披露内部监管是提高信息环境质量的重要举措。公司治理水平较差的企业更有动机隐瞒坏消息，一旦坏消息被投资者、债权人等利益相关者获悉，可能造成股价波动，影响投资者股市收益和银行贷款可获得性。相反，更好的内外部治理水平则会减少这种现象的发生。本书投资者视角的实证检验表明，公司治理水平越差（股东关联度高、高管持股比例高），OCI 与 ERC 的负向关系更显著，说明内部治理水平下降加剧了两者的负向作用。债权人（银行）视角的实证检验表明，公司治理水平越高（总经理与董事长“二职分置”、高管持股比例低、机构投资者持股比例高），OCI 与银行信用贷款决策的相关性则越强，说明银行有识别公司治理水平的意愿和能力。公司采取措施提升公司治理水平和综合实力才是从根本上提升银行贷款可获得性的最佳途径。因此，应多渠道提升公司治理水平，对企业信息披露实施有效的内部监督，具体措施如下：

1. 优化企业股权结构，保持一定的股权制衡度

会计信息含量的提高最根本地应依赖会计信息质量。适度的股权制衡可对大股东与管理层合谋形成有效制约，对管理层自利行为形成有效监督，可提升会计信息生成过程的规范性，缩小企业盈余管理空间，有利于会计信息的高质量披露。维持股权制衡度的途径有：

其一，避免出现总经理与董事长“二职合一”现象，以防止董事会权力滥用，提升董事会独立性。“二职合一”下的总经理权力过大，不利于监督机制的有效运行，为企业低效率运营、实施盈余管理甚至财务舞弊行为埋下了隐患。企业有可能为了防止坏消息泄露、保持股价稳定或获得银行贷款等进行选择性信息披露，加剧企业与投资者、债权人、证券分析师等外部信息使用者之间的信息不对称程度，误导信息使用者。因此，企业应尽量实施总经理与董事长“二职分置”，使总经理与董事长各司其职又

能形成内部制衡与有效监督。

其二，保持适度的机构投资者持股比例。相对于个人散户投资者，机构投资者持股具有一定的内部治理效应。其具体体现在：机构投资者更加专业和敏感，信息解读能力较强，更容易发现企业管理层的盈余管理行为，以单位为依托使投资行为更加理性。企业适度的机构投资者持股有利于提升整体谈判能力，更容易达成一致行动，形成内部监督的强大凝聚力。且机构持股可以向资本市场传递积极信号，有利于稳定企业股价和获得银行贷款。

其三，降低股东关联度。股东关联度直接与股东之间独立性相关，进而对监督约束机制作用的有效发挥造成影响。股东关联度高容易引发监督约束机制“失灵”，极易形成大股东合谋侵占小股东利益的局面，甚至大股东有可能联合对管理层施压进行盈余管理，造成信息质量下降。本书实证检验发现，当股东关联度较高时，OCI 与 ERC 之间的负向关系更显著，不利于 OCI 信息含量的提升。因此，企业应降低股东关联度，确保股东间的独立性。

其四，保持适度的高管持股比例。作为企业股权激励的重要形式之一，高管持股是一把“双刃剑”。适度的高管持股可缓解代理冲突，提升高管层归属感、使命感和工作积极性，缓解代理冲突，有效减少管理层利用 OCI 进行盈余操纵等机会主义行为。而当高管持股比例过高时，高管权力过大不易受到监督和约束，可能在保持业绩稳定、维持股价稳定或获得银行贷款等动机驱使下增加管理层利用 OCI 进行盈余操纵等机会主义行为，或选择性披露 OCI，造成会计信息质量受损。因而，适度的高管持股是提升公司治理水平的重要方面。

2. 强化内部牵制，提高企业内部控制与风险管理水平

企业生产经营中会面临各种风险，实施健全有效的内部控制能合理保证生产经营活动合法合规，降低管理层凌驾、大股东利益侵占和财务舞弊等不良行为的发生，财务报告会计信息质量容易得到保证，从而增强信息使用者对公司提供的报表信息的可信度，有利于提升 OCI 信息含量。应将内部牵制的思想运用于企业管理中，制定适合企业的内部控制制度，提高风险管理水平，为会计信息的生成创造好的信息环境。进行内部控制和风险管理应注意以下几点：

首先，内部控制应是全员控制，从董事会、监事会和经理层到各基层岗位和普通员工，谁也不能游离于内部控制之外。内部控制的对象是风险而不是人，企业的每一位员工都应努力体现在内部控制中的作用与价值。现实中，部分企业错误地以基层岗位和普通员工为控制对象，极大限制了基层普通员工积极性，造成个别领导权力膨胀，滋生腐败和混乱，甚至徇私舞弊，进行违法犯罪活动，对于这种行为应及时予以纠正。

其次，内部控制是一项全面风险管理活动，涉及全员、全过程和全方位。内部控制不同于会计控制，也不仅仅是会计部门和会计人员的事。虽然某些内部控制与会计工作息息相关，会计系统控制是重要的控制活动和控制手段。大量会计工作可以为控制活动提供支撑，会计部门及其工作人员在信息与沟通、内部监督等方面发挥举足轻重的作用，但是内部控制不是某一部门的事，是一项系统工程，企业所有部门和人员均应为内部控制贡献自己的力量。

最后，应重视软环境建设，加强企业文化建设。企业文化可将企业价值观无形地渗透到员工的意识中，引导组织文化趋于一致，形成一股强大的凝聚力。应根据企业自身实际构建制度文化，形成统一的企业价值观，促进企业文化与公司治理协同发展。企业应经常性审查自身行为的合法合规性，定期开展合规性自我评价，将风险控制在可接受范围内。同时，灵活把握成本效益原则和重要性原则，对于关键控制点应进行严格控制。鉴于内部控制与风险管理具有一定外部性，政府等相关部门还应加强对企业的外部监管，各会计师事务所可通过严格外部审计程序，提升审计质量的方式起到一定外部约束作用。

四、对完善资本市场的建议

（一）深化金融体制和国有企业改革，积极推进市场化改革步伐

一般而言，市场化程度较高的地区，市场在资源配置中的基础性作用更明显，金融体制改革更深入，银行信贷决策受政府干预程度较弱，可能

更多基于收益与风险的权衡考虑盈利目的，各项贷款管理制度也更加完善，OCI 对信用贷款决策的影响则更明显。另外，市场化程度高的地区，对各项法律制度、会计制度执行更彻底，银行信贷决策对会计信息的依赖性可能增强。相反，市场化程度较低的地区，政府与银行的关系更紧密，信贷资源配置在很大程度上受人为因素的影响，信贷资金错配现象更普遍。本书实证检验发现，列报 OCI 的动机和概率受所在地区市场化程度的影响，提高市场化程度有利于信息披露质量的提高。应深化金融体制和国有企业改革，积极推进市场化改革步伐，减少对国有企业融资的行政干预，尽量减少企业所有权性质在信贷活动中的差异性，优化信贷资源配置效率。

（二）多维主体共同参与，采用市场化、法治化和智能化手段积极推进信息披露外部监管

本书在数据搜集和处理过程中发现，部分企业 OCI 的披露不规范甚至报表勾稽关系出现逻辑错误，存在 OCI 漏报、谎报和错报现象。对于异常数据本书均予以剔除不影响本书的研究结论，但 OCI 预测能力及其信息含量的提高在很大程度上依赖于会计信息质量的提高。因此，加强对 OCI 相关信息披露的外部监管显得尤为必要。新证券法从立法层面提高了违规信息披露的处罚力度，为从严市场监管、严惩不法行为提供了法律依据。证监会于 2020 年 7 月发布的《上市公司信息披露管理办法（修订稿）》，是规范我国上市公司信息披露监管的又一重要举措。

此外，还应充分重视会计师事务所、证券交易所、证监会、银监会和新闻媒体等外部监督力量在信息披露与监管中的作用。独立外部审计作为重要的外部监督手段，在确保企业信息披露质量方面发挥着重要作用。证监会在规范上市公司运作、促进上市公司治理等方面具有不可替代的作用。只有会计师事务所、证券交易所、证监会、银监会和新闻媒体等多维主体应共同参与、相互协调，才能形成信息披露监管的强大合力。充分运用互联网、大数据等现代化技术手段，创新监管手段和方法，构建新型互联网平台监管体系，实现精准化、智能化监管，加大对信息披露违法违规行为的处罚力度，增加违规成本。此外，还应完善资本市场监管制度，努力降

低监管政策对企业盈余操纵的诱发程度，减少监管政策给企业带来的管制成本，为企业高质量会计信息的提供创造环境。

第三节 研究局限

本书基于2012~2018年A股上市公司样本数据，分别从投资者、债权人（银行）和证券分析师视角研究了OCI的信息含量及其内在作用机理，同时从概念层面对OCI的定义和特征做了初步探讨和归纳，以期为后续研究提供理论借鉴。但本书的研究尚有些许不足，现简要归纳如下。

第一，在样本数据选取上，未截至最新会计年度。其原因有：（1）信用贷款数据只能获取到2018年；（2）2017年财政部修订发布了新金融工具会计准则①，对金融工具确认计量和列报等进行了较大幅度的改革，新金融工具会计准则采取逐步实施的方针，一部分境内上市公司已于2019年实施，将2019年数据纳入其中，可能影响到实证检验的可靠性；（3）在第三章OCI列报对投资者超额报酬的影响中，计算主模型中的因变量CAR必须使用递延一年的市场收益率、无风险利率、市值因子、账面市值比因子、年报公布年份和日个股回报率等数据。因此，本书未将2019年及以后会计年度数据纳入研究范围。

第二，本书未涉及OCI具体构成项目和重分类的信息含量检验。鉴于数据库中没有直接的OCI具体构成项目和重分类数据，手工搜集需要耗费大量的精力，因此，本书仅研究了OCI、累计OCI、OCI波动性特征等的信息含量，并未对OCI具体构成项目和重分类信息的信息含量做更细化和更具深度的研究，这是以后可进一步拓展研究的领域。

第三，本书对OCI的信息含量研究仅以A股上市公司的年报数据为研究对象，未考虑季度、半年度报表中OCI的信息含量问题。鉴于金融保险

---

① 新金融工具会计准则包括四项会计准则，具体为：2017年3月31日发布的《企业会计准则第22号——金融工具确认和计量》《企业会计准则第23号——金融资产转移》《企业会计准则第24号——套期会计》和2017年5月2日发布的《企业会计准则第37号——金融工具列报》。

类企业会计核算具有特殊性，本书剔除了金融保险类企业，仅研究了非金融类上市公司 OCI 的信息含量，使本书在样本的选取上存在一定局限。

第四节　未来展望

公允价值的扩大应用是未来的发展趋势，与之相联系的 OCI 在很长一段时间将是研究的热点问题之一。OCI 从其诞生之日起就饱受争议，其信息含量研究虽多但不够深入，仍有可探讨的空间。随着金融工具准则改革，现行价值的扩大使用，OCI 相关理论与实践问题急需解决。针对本书的研究，未来可进一步研究和改进的方向有：

第一，可进一步细化研究 OCI 具体构成项目和重分类的信息含量。由于时间仓促，OCI 具体构成项目和重分类信息需要手工整理才能得到，故未能对 OCI 具体项目和重分类的信息含量进行细化研究。本书仅对 OCI 总额的市场反应进行了探讨，并未否定 OCI 具体项目和重分类信息中积极市场反应的可能，这也是未来可研究的方向。本书实证检验发现，OCI 对银行信贷决策和分析师盈余预测有显著影响，未来还可以按 OCI 具体项目和重分类信息深入研究，看具体哪个项目的影响更大更显著，重分类信息是否向不同的信息使用者传递了有用信息。

第二，可拓展研究其他信息使用者视角下 OCI 的信息含量。本书仅研究了投资者、债权人和证券分析师视角下的 OCI 信息含量，还可拓展至管理者、审计师、供应商和客户等其他信息使用者视角对 OCI 的信息含量进行研究。本书仅研究了 OCI 对银行信贷决策的影响，还可以基于银行以外的债权人视角展开研究。例如，可以探讨 OCI 对企业之间的借贷关系的影响，基于债权人视角下 OCI 与商业信用决策的研究值得进一步探讨。

第三，在未来的研究中，可考虑非年度报表（例如，季度报表和半年度报表）中 OCI 的信息含量问题。也可将金融类和非金融类上市公司一并纳入 OCI 的信息含量研究范围，并对两类上市公司信息含量进行对比研究，从更全面的视角分析，以确保研究结论更加合理。

参考文献

[1] 白晓宇. 上市公司信息披露政策对分析师预测的多重影响研究[J]. 金融研究, 2009 (04): 92-112.

[2] 财政部会计准则委员会. 企业会计 (2006) [S]. 2006.

[3] 财政部会计准则委员会. 企业会计准则解释第3号 [S]. 2009.

[4] 财政部会计准则委员会. 企业会计准则第30号——财务报表列报[S]. 2014.

[5] 曹廷求, 张光利. 自愿性信息披露与股价崩盘风险: 基于电话会议的研究 [J]. 经济研究, 2020, 55 (11): 191-207.

[6] 曹越, 吕亦梅, 伍中信. 其他综合收益的价值相关性及其原因——来自中国资本市场的经验证据 [J]. 财贸研究, 2015, 26 (06): 132-141.

[7] 曹越, 吕亦梅, 张肖飞. "其他综合收益" 的价值相关性及预测能力研究 [J]. 证券市场导报, 2015 (05): 16-24.

[8] 曾雪云, 陆正飞. 盈余管理信息风险、业绩波动与审计意见——投资者如何逃离有重大盈余管理嫌疑的上市公司? [J]. 财经研究, 2016, 42 (08): 133-144.

[9] 曾雪云, 秦中艮, 周愈博. 金融业的综合收益波动与风险相关性研究: 其他综合收益是风险定价因子吗? [J]. 财政研究, 2016 (10): 101-113.

[10] 陈胜蓝, 李占婷. 经济政策不确定性与分析师盈余预测修正[J]. 世界经济, 2017, 40 (07): 169-192.

[11] 陈淑芳, 杨婧. 我国上市公司其他综合收益的价值相关性研究——基于沪市A股上市公司的经验证据 [J]. 西安财经学院学报, 2017, 30 (04): 29-36.

[12] 陈曦. 其他综合收益、内部控制与盈余管理研究 [D]. 合肥:

合肥工业大学，2018.

[13] 陈信元，陈冬华，朱红军. 净资产、剩余收益与市场定价：会计信息的价值相关性 [J]. 金融研究，2002 (04)：59 – 70.

[14] 程春晖. 全面收益会计研究 [M]. 大连：东北财经大学出版社，2000.

[15] 程小可，龚秀丽. 新企业会计准则下盈余结构的价值相关性——来自沪市 A 股的经验证据 [J]. 上海立信会计学院学报，2008，22 (04)：36 – 46.

[16] 褚剑，秦璇，方军雄. 中国式融资融券制度安排与分析师盈利预测乐观偏差 [J]. 管理世界，2019 (01)：151 – 166.

[17] 邓传洲. 公允价值的价值相关性：B 股公司的证据 [J]. 会计研究，2005 (10)：55 – 62，97.

[18] 盖地，高潮. 其他综合收益列报的价值相关性分析——基于沪市 A 股上市公司的数据 [C]. 成都：中国会计学会会计基础理论专业委员会 2012 年专题学术研讨会，2012.

[19] 葛家澍. 试评 IASB/FASB 联合概念框架的某些改进——截至 2008 年 10 月 16 日的进展 [J]. 会计研究，2009 (04)：3 – 11，96.

[20] 葛家澍等. 会计大典（第一卷）：会计理论 [M]. 北京：中国财政经济出版社，1998.

[21] 葛家澍，杜兴强. 知识经济下财务会计理论与财务报告问题研究 [M]. 北京：中国财政经济出版社，2004：85 – 100.

[22] 国际会计准则理事会. 国际财务报告准则 [M]. 中国会计准则委员会译，北京：中国财政经济出版社，2015.

[23] 郭晔，苏彩珍，张一. 社会责任信息披露提高企业的市场表现了么？[J]. 系统工程理论与实践，2019，39 (04)：881 – 892.

[24] 何亦辰. 综合收益对不同产权性质上市公司债务契约的影响研究 [D]. 兰州：兰州大学，2015.

[25] 何雨晴. 年报核心竞争力信息披露具有信息含量吗？——基于分析师视角 [J]. 审计与经济研究，2021，36 (03)：56 – 64.

[26] 贺宏. 信息披露制度与其他综合收益的价值相关性 [J]. 财政研究, 2014 (01): 73 – 76.

[27] 胡险峰. 其他综合收益对企业盈余质量的影响研究——来自我国A股上市公司的经验证据 [J]. 齐鲁珠坛, 2018 (03): 44 – 52.

[28] 胡奕明, 刘奕均. 公允价值会计与市场波动 [J]. 会计研究, 2012 (06): 12 – 18, 92.

[29] 黄世忠, 黄晓韡. 公允价值计量对业绩报告的影响分析——公允价值计量系列研究之六 [J]. 新会计, 2019 (03): 6 – 8.

[30] 黄晓韡. 财务报告概念框架修订六大热点难点问题探索——基于公允价值视角 [J]. 福建师范大学学报 (哲学社会科学版), 2015 (06): 24 – 30.

[31] 黄志雄. 其他综合收益概念、结转与分类辨析 [J]. 会计与经济研究, 2016 (06): 18 – 29.

[32] 黄志雄. 其他综合收益、分析师预测与决策价值 [J]. 财经理论与实践, 2016, 37 (05): 63 – 69.

[33] 李健, 陈传明. 企业家政治关联、所有制与企业债务期限结构——基于转型经济制度背景的实证研究 [J]. 金融研究, 2013 (03): 157 – 169.

[34] 李琳, 刘凤委, 卢文彬. 基于公司业绩波动性的股权制衡治理效应研究 [J]. 管理世界, 2009 (05): 145 – 151.

[35] 李琳, 张敦力. 经济政策不确定、高管政府履历与内部人交易信息含量 [J]. 山西财经大学学报, 2019, 41 (07): 93 – 107.

[36] 李奇凤, 路军伟. 关键审计事项段的特征具有信息含量吗?——来自中国A股上市公司2017年报审计的经验证据 [J]. 审计与经济研究, 2021, 36 (02): 30 – 40.

[37] 李尚荣. 综合收益价值相关性研究 [D]. 北京: 财政部财政科学研究所, 2012.

[38] 李少轩, 肖虹, 张瑞丽. 其他综合收益的投资者定价效应——基于公司信息环境和投资者认知能力的视角 [J]. 当代财经, 2018 (08): 122 – 132.

[39] 李四海，蔡宏标，张俭．产权性质、会计盈余质量与银行信贷决策——信贷歧视抑或风险防控 [J]．中南财经政法大学学报，2015 (05)：78－87.

[40] 李新蕊．金融业其他综合收益重分类的价值相关性研究 [D]．长沙：湖南大学，2017.

[41] 李梓，杨有红．基于其他综合收益信息披露的财务报表逻辑关系重构 [J]．北京工商大学学报（社会科学版），2016，31 (03)：74－80.

[42] 李梓．基于波动特征的其他综合收益风险相关性研究 [J]．商业会计，2019 (05)：12－15.

[43] 李梓．综合收益信息的决策有用性研究 [D]．北京：中央财经大学，2016.

[44] 林雁，谢抒桑，刘宝华．公司年报审计意见与独董发表异议——基于审计意见信息功能的考察 [J]．华东经济管理，2020，34 (12)：108－117.

[45] 刘峰，吴风，钟瑞庆．会计准则能提高会计信息质量吗——来自中国股市的初步证据 [J]．会计研究，2004 (05)：8－19.

[46] 刘浩，彭一浩，张静．谁能获得"信用贷款"？——贷款性质结构与会计信息质量关系研究 [J]．财贸经济，2010 (07)：26－34.

[47] 刘永泽，孙翯．我国上市公司公允价值信息的价值相关性——于企业会计准则国际趋同背景的经验研究 [J]．会计研究，2011 (02)：16－22，96.

[48] 刘永泽，唐大鹏，张成．其他综合收益项目的认定标准与列报问题分析——基于我国资本市场数据 [J]．现代财经（天津财经大学学报），2011，31 (08)：72－81.

[49] 刘宇．证券市场审计质量、盈余管理与信息含量——基于1999－2007年沪深市场的经验数据 [J]．山西财经大学学报，2010，32 (06)：116－124.

[50] 柳木华，张国昌，董秀琴．市场洞察其他综合收益的重分类了吗？[J]．证券市场导报，2016 (11)：4－12.

[51] 陆宇建，蒋玥．制度变革，盈余持续性与市场定价行为研究 [J].

会计研究，2012（01）：58－67，97.

［52］陆正飞，祝继高，孙便霞．盈余管理、会计信息与银行债务契约［J］．管理世界，2008（03）：152－158.

［53］罗婷，薛健，张海燕．解析新会计准则对会计信息价值相关性的影响［J］．中国会计评论，2008（02）：129－140.

［54］吕兆德，宿增睿．源于公允价值的盈余波动增加会计信息含量了吗？［J］．南京审计大学学报，2016，13（03）：65－74.

［55］马黎珺，伊志宏，张澈．廉价交谈还是言之有据？——分析师报告文本的信息含量研究［J］．管理世界，2019，35（07）：182－200.

［56］马睿，谢香兵．其他综合收益的列报、价值相关性与契约有用性［J］．财会月刊，2018（21）：127－132.

［57］毛志宏，冉丹，季丰．其他综合收益列报与披露存在的问题及原因分析——基于沪深两市2009－2011年年度财务报告数据［J］．四川大学学报（哲学社会科学版），2012（04）：112－118.

［58］毛志宏，王鹏，季丰．其他综合收益的列报与披露——基于上市公司2009年年度财务报告的分析［J］．会计研究，2011（07）：3－10.

［59］欧阳爱平，刘仑．我国综合收益的价值相关性分析——基于沪市A股的数据检验［J］．北京工商大学学报（社会科学版），2010，25（06）：35－40.

［60］欧阳爱平，郑超．其他综合收益的信贷决策有用性研究——基于中国A股上市公司的数据检验［J］．经济与管理研究，2014（08）：120－127.

［61］任飞，罗靖怡，陈张杭健等．分析师深度研究报告向市场传递的信息含量——基于“新”、“旧”信息的文本分解［J］．系统工程理论与实践，2020，40（12）：3034－3058.

［62］权小锋，吴世农．CEO权力强度，信息披露质量与公司业绩的波动性——基于深交所上市公司的实证研究［J］．南开管理评论，2010，13（04）：142－153.

［63］石岩，卢相君．其他综合收益对债权人和投资人决策的影响［J］．湖南社会科学，2014（02）：159－162.

[64] 石岩，卢相君．其他综合收益及重分类相关问题研究［J］．当代经济究，2013（10）：86－89.

[65] 石岩．其他综合收益会计信息相关性与可靠性的实证研究［M］．北京：经济科学出版社，2014.

[66] 苏洋，张俊瑞，赵红等．其他综合收益的信息含量：基于会计稳健性的中介效应分析［J］．财贸研究，2020，31（06）：85－97.

[67] 孙铮，李增泉，王景斌．所有权性质、会计信息与债务契约——来自我国上市公司的经验证据［J］．管理世界，2006（10）：100－107，149.

[68] 孙铮，刘凤委，李增泉．市场化程度、政府干预与企业债务期限结构——来自我国上市公司的经验证据［J］．经济研究，2005（05）：52－63.

[69] 谭洪涛，蔡利，蔡春．公允价值与股市过度反应——来自中国证券市场的经验证据［J］．经济研究，2011，46（07）：130－143.

[70] 汤锦．其他综合收益列报国际趋同最新进展及对我国的启示［J］．金融会计，2011（12）：6－10.

[71] 唐国平，欧理平．"其他综合收益"具有价值相关性吗？——来自沪市A股的经验证据［J］．会计论坛，2011（01）：17－25.

[72] 田昆儒，田雪丰．披露其他综合收益能够降低股价崩盘风险吗？［J］．中南财经政法大学学报，2019（02）：20－30.

[73] 王爱群，贺子聪，王艺霖．管理层讨论与分析信息含量对银行贷款契约的影响研究——以创业板上市公司为例［J］．江西财经大学学报，2019（03）：40－52.

[74] 王汉生，张瀚宇，何天英等．上市公司财务参数与其股价波动性关系探究［J］．证券市场导报，2010（02）：74－77.

[75] 王建新，赵君双．新会计准则对会计信息价值相关性的影响分析——基于我国A股上市公司的经验证据［J］．财政研究，2010（04）：77－80.

[76] 王俊秋，倪春晖．政治关联、会计信息与银行贷款成本——基于中国民营上市公司的经验证据［J］．经济与管理研究，2012（08）：30－38.

[77] 王鑫．综合收益的价值相关性研究——基于新准则实施的经验

证据［J］. 会计研究，2013（10）：20－27.

［78］王心怡. 其他综合收益的信贷契约有用性研究［D］. 厦门：厦门大学，2019.

［79］王雄元，李岩琼，肖忞. 年报风险信息披露有助于提高分析师预测准确度吗？［J］. 会计研究，2017（10）：37－43.

［80］王艳，谢获宝. 披露其他综合收益可以给市盈率带来溢价效应吗？［J］. 会计研究，2018（04）：28－35.

［81］王艳，刘小英，翟秋玲. 其他综合收益披露会抑制上市公司的盈余管理吗？——基于会计准则变迁的视角［J］. 广东财经大学学报，2018，33（05）：53－69.

［82］王艳艳，许锐，王成龙，于李胜. 关键审计事项段能够提高审计报告的沟通价吗？［J］. 会计研究，2018（06）：86－93.

［83］吴联生，王亚平. 盈余管理程度的估计模型与经验证据：一个综述［J］. 经济研究，2007（08）：143－152.

［84］吴晓智. 其他综合收益的信贷决策有用性研究［D］. 昆明：云南大学，2018.

［85］吴祖光，万迪昉，罗进辉. 综合收益提高了会计盈余的信息含量吗？——来自A股上市公司的经验证据［J］. 中南财经政法大学学报，2012（04）：79－86，144.

［86］威廉·R. 斯科特. 财务会计理论（第6版）［M］. 陈汉文等译，北京：中国人民大学出版社，2012.

［87］夏立军，鹿小楠. 上市公司盈余管理与信息披露质量相关性研究［J］. 当代经济管理，2005（05）：145－150.

［88］肖虹，李少轩. 其他综合收益的分析师预测效应——基于会计信息环境特征及分析师认知能力视角的分析［J］. 山西财经大学学报，2017，39（12）：100－113.

［89］肖洁. 公允价值应用、经济波动性与市场反应［D］. 南京：南京大学，2015.

［90］谢获宝，石佳. 其他综合收益的内涵和列报问题探究［J］. 财

务与会计，2015 (11)：73 -75.

[91] 谢获宝，郭方醇．综合收益对银行债务契约的增量信息研究——基于企业信贷融资规模视角的分析 [J]．财会通讯，2014 (24)：91 -94.

[92] 谢获宝，尹欣，刘波罗．综合收益及其构成的价值相关性研究 [J]．珞珈管理评论，2010 (04)：20 -31.

[93] 辛清泉，孔东民，郝颖．公司透明度与股价波动性 [J]．金融研究，2014 (10)：193 -206.

[94] 徐经长，曾雪云．综合收益呈报方式与公允价值信息含量——基于可供出售金融资产的研究 [J]．会计研究，2013 (01)：20 -27，95.

[95] 徐玉德，陈骏．上市公司违约风险、盈余质量与银行信用借款——基于沪深 A 股市场的经验研究 [J]．证券市场导报，2011 (02)：38 -43.

[96] 徐玉德，李挺伟，洪金明．制度环境、信息披露质量与银行债务融资约束——来自深市 A 股上市公司的经验证据 [J]．财贸经济，2011 (05)：51 -57.

[97] 杨克智．其他综合收益、信息透明度与盈余管理 [J]．中央财经大学学报，2016 (08)：65 -73.

[98] 杨楠，洪剑峭．分析师团队能提高盈余预测准确性吗？[J]．经济管理，2019，41 (06)：157 -175.

[99] 杨有红，陈婧．综合收益信息披露对会计信息透明度的影响 [J]．会计之友，2016 (02)：11 -16.

[100] 杨有红，闫珍丽．其他综合收益及其列报改进是否提高了盈余透明度？——分析师行为及股价同步性的证据 [J]．会计研究，2018 (04)：20 -27.

[101] 杨有红．综合收益报告及其改进 [J]．财务与会计，2016 (07)：68 -70.

[102] 杨有红．综合收益相关理论问题研究 [J]．会计研究，2017 (05)：3 -10.

[103] 游慧洁．我国上市公司其他综合收益信息含量研究 [D]．长春：吉林大学，2012.

[104] 余明桂，潘红波．政府干预、法治、金融发展与国有企业银行贷款［J］．金融研究，2008（09）：1-22.

[105] 张海燕，陈晓．投资者是理性的吗？——基于ST公司交易特性和价值的分析［J］．金融研究，2008（01）：119-131.

[106] 张昊晨．其他综合收益披露与分析师盈余预测偏误的关系及影响因素研究［D］．徐州：中国矿业大学，2018.

[107] 张普，吴冲锋．股票价格波动：风险还是价值？［J］．管理世界，2010（11）：52-60.

[108] 张清玉．机构投资者洞察其他综合收益信息吗？［J］．商业会计，2019（04）：14-18.

[109] 张兴亮，夏成才．会计信息透明度、政治关联与信贷资金配置效率——来自中国民营上市公司的经验证据［J］．证券市场导报，2015（07）：36-45.

[110] 张艳．"其他综合收益"定义的修订与完善［J］．会计之友，2018（02）：54-56.

[111] 张云，赵艳．其他综合收益与非经常性损益价值相关性的比较研究［J］．广东财经大学学报，2015，30（03）：74-85.

[112] 赵丙艳，叶春明．交易所问询函的信息含量与投资者行为选择［J］．当代经济管理，2020，42（10）：92-97.

[113] 赵刚，江雨佳，马杨，吕雅铭．新审计准则实施改善了资本市场信息环境吗？——基于分析师盈余预测准确性的研究［J］．财经研究，2019，45（09）：114-126.

[114] 赵艳．其他综合收益信息有用性研究［D］．天津：天津财经大学，2016.

[115] 赵宇龙．会计盈余披露的信息含量——来自上海股市的经验证据［J］．经济研究，1998（07）：42-50.

[116] 赵宇龙，王志台．我国证券市场"功能锁定"现象的实证研究［J］．经济研究，1999（09）：56-63.

[117] 中国注册会计师协会．会计［M］．北京：中国财政经济出版

社，2019.

［118］钟凯，董晓丹，陈战光．业绩说明会语调与分析师预测准确性［J］．经济管理，2020，42（08）：120－137.

［119］钟覃琳，刘媛媛．分析师报告在经济政策不确定时期具有更高的信息含量吗？——基于投资者需求和分析师供给的双重视角［J］．会计研究，2020（03）：34－45.

［120］钟覃琳，陆正飞．资本市场开放能提高股价信息含量吗？——基于“沪港通”效应的实证检验［J］．管理世界，2018，34（01）：169－179.

［121］周佳佳．其他综合收益列报的市场反应研究［D］．天津：天津财经大学，2015.

［122］朱红军，何贤杰，陶林．中国的证券分析师能够提高资本市场的效率吗？——基于股价同步性和股价信息含量的经验证据［J］．金融研究，2007（02）：110－121.

［123］卓越．对新准则中其他综合收益的探讨［J］．成都理工大学学报（社会科学版），2016，24（06）：102－104.

［124］邹燕．综合收益会计研究［M］．四川：西南财经大学出版社，2015.

［125］Ahmed A S，Kilic E，Lobo G J. Does Recognition Versus Disclosure Matter? Evidence from Value－Relevance of Banks' Recognized and Disclosed Derivative Financial Instruments［J］．Accounting Review，2006，81（3）：567－588.

［126］Abdel－Khalik，A R. The Effect of Aggregating Accounting Reports on the Quality of the Lending Decision：An Empirical Investigation［J］．Journal of Accounting Research，1973，11（1）：104－138.

［127］Aboody D，Barth M E，Kasznik R. Revaluations of Fixed Assets and Future Firm Performance：Evidence from the U K［J］．Journal of Accounting and Economics，1999，26（1－3）：149－178.

［128］Agostini M. Presentation of Other Comprehensive Income：Is There A Relationship with the Total Amount，the Sign and the Volatility of Such Accounting

Items? [R]. Università Ca'Foscari Venezia: Working Paper, 2014.

[129] Ahmed A S, Takeda C. Stock Market Valuation of Gains and Losses on Commercial Banks' Investment Securities an Empirical Analysis [J]. Journal of Accounting and Economics, 1995, 20 (2): 207 - 225.

[130] Amihud Y. lliquidity and Stock Returns: Cross - section and Time - series Effects [J]. Journal of financial markets, 2002, 5 (1): 31 - 56.

[131] Amir E, Guan Y, Oswald D. The Effect of Pension Accounting on Corporate Pension Asset Allocation [J]. Review of Accounting Studies, 2010, 15 (2): 345 - 366.

[132] Baber W R, Kang S H, Kumar K R. The Explanatory Power of Earnings Levels Vs. Earnings Changes in the Context of Executive Compensation [J]. The Accounting Review, 1999, 74 (4): 459 - 472.

[133] Badertscher B A, Burks J J, Easton P D. A Convenient Scapegoat: Fair Value Accounting by Commercial Banks during the Financial Crisis [J]. The Accounting Review, 2012, 87 (1): 59 - 90.

[134] Ball B V. The Debt - Contracting Value of Accounting Information and Loan Syndicate Structure [J]. Journal of Accounting Research, 2008 (46): 247 - 287.

[135] Bao M X, et al. Does Other Comprehensive Income Volatility Influence Credit Risk and the Cost of Debt? [J]. Contemporary Accounting Research, 2020, 37 (1): 457 - 484.

[136] Barclay M J, Smith, J C W. The Maturity Structure of Corporate Debt [J]. The Journal of Finance, 1995, 2 (50): 609 - 631.

[137] Bamber L S, Jiang J, Petroni K R, et al. Comprehensive Income: Who's Afraid of Performance Reporting? [J]. The Accounting Review, 2010, 85 (1): 97 - 126.

[138] Barker R. Reporting Financial Performance [J]. Accounting Horizons, 2004, 18 (2): 157 - 172.

[139] Barth M E, Beaver W H, Landsman W R. The Relevance of the

Value Relevance Literature for Financial Accounting Standard Setting: Another View [J]. Journal of Accounting & Economics, 2001, 31 (3): 77 - 104.

[140] Barth M E. Measurement in Financial Reporting: The Need for Concepts [J]. Accounting Horizons, 2014, 28 (2): 331 - 352.

[141] Barton J, Hansen T B, Pownall G. Which Performance Measures Do Investors Around the World Value Most—and Why? [J]. The Accounting Review, 2010, 85 (3): 753 - 789.

[142] Beaver W H, Kettler P, Scholes M. The Association Between Market and Accounting Determined Risk Measures [J]. 1970, 45 (4): 654 - 682.

[143] Bebchuk L A, Fried J M. Executive Compensation as an Agency Problem [J]. Journal of Economic Perspectives, 2003, (17): 71 - 92.

[144] Bernard V L. The Feltham - Ohlson Framework: Implications for Empiricists [J]. Contemporary Accounting Research, 1995, 11 (2): 733 - 747.

[145] Beyer A, Guttman I. The Effect of Trading Volume on Analysts' Forecast Bias [J]. The Accounting Review, 2011, 86 (2): 451 - 481.

[146] Bharath S T, Sunder J, Sunder S V. Accounting Quality and Debt Contracting [R]. University of Michigan and Northwestern University: Working Paper, 2006.

[147] Biddle G C, Choi J. Is Comprehensive Income Useful? [J]. Journal of Contemporary Accounting & Economics, 2006, 2 (1): 1 - 32.

[148] Bisgay L. Comprehensive income [J]. Management Accounting, 1995, 77 (6): 57.

[149] Black D E. Other Comprehensive Income: A Review and Directions for Future Research [J]. Accounting and Finance, 2016, 56 : 9 - 45.

[150] Bloomfield R J, Neison M W, and Smith S D. Feedback Loops, Fair Value Accounting and Correlated Investments [J]. Review of Accounting Studies, 2006, 11 (2): 377 - 416.

[151] Bomber L S. Comprehensive Income: Who's Afraid of Performance Reporting? [J]. Accounting review, 2010, 85 (1): 97 - 126.

[152] Booth L, Aivazian V, Demirguc – Kunt A, and Maksimovic V. Capital Structures in Developing Countries [J]. Journal of Finance, 2001, 56 (1): 87 – 130.

[153] Botosan C A, Plumlee M A. Assessing Alternative Proxies for the Expected Risk Premium [J]. The accounting review, 2005, 80 (1): 21 – 53.

[154] Bratten B, Causholli M, Khan U. Usefulness of Fair Values for Predicting Banks' Future Earnings: Evidence from Other Comprehensive Income and its Components [J]. Review of Accounting Studies, 2016, 21 (1): 280 – 315.

[155] Brimble M, Hodgson A. Assessing the Risk Relevance of Accounting Variables in Diverse Economic Conditions [J]. Managerial Finance, 2007, 33 (8): 553 – 573.

[156] Bujaki M L, Richardson A J. a Citation Trail Review of the Uses of Firm Size in Accounting Research [J]. Journal of Accounting literature, 1997, 16 : 1 – 10.

[157] Bushman R M, Smith A J. Financial Accounting Information and Corporate Governance [J]. Journal of accounting and Economics, 2001, 32 (1 – 3): 237 – 333.

[158] Cahan S F, et al. Value Relevance of Mandated Comprehensive Income Disclosures [J]. Journal of Business Finance and Accounting, 2000, 27 (1): 1273 – 1301.

[159] Campbell J Y, et al. Global Currency Hedging [J]. The Journal of Finance, 2010, 65 (1): 87 – 121.

[160] Casey, Jr C J. Variation in Accounting Information Load: the Effect on Loan Officers' Predictions of Bankruptcy [J]. Accounting review, 1980 (1): 36 – 49.

[161] Chambers D, Linsmeier T J, Shakespeare C, et al. An Evaluation of SFAS No. 130 Comprehensive Income Disclosures [J]. Review of Accounting Studies, 2007, 12 (4): 557 – 593.

[162] Charles M, Anna B. Corporate Reporting of Other Comprehensive

Income [J]. International Journal of Accounting and Financial Reporting, 2018, 8 (2): 212-235.

[163] Chisnall, P. Fair value accounting: An industry view [J]. Balance Sheet, 2001, 9 (1): 27 - 33.

[164] Chung K H, Ghicas D, Pastena V. Lenders' Use of Accounting Information in the Oil and Gas Industry [J]. Accounting Review, 1993, 68 : 885-895.

[165] Dechow P M, Ge W. The Persistence of Earnings and Cash Flows and the Role of Special Items: Implications for the Accrual Anomaly [J]. Social Science Electronic Publishing, 2006, 11 (2-3): 297-303.

[166] Dechow P M, Kothari S P, Watts R L. The Relation between Earnings and Cash Flows [J]. Journal of Accounting and Economics, 1998, 25 : 133-168.

[167] Detzen D. From Compromise to Concept? ——A Review of "Other Comprehensive Income" [J]. Accounting & Business Research, 2016, 46 (7): 1-24.

[168] Dhaliwal D, Subramanyam K R, Trezevant R. Is Comprehensive Income Superior to Net Income as a Measure of Firm Performance? [J]. Journal of Accounting and Economics, 1999, 26 : 43-67.

[169] Dhaliwal D S, Radhakrishnan S, Tsang A, Yang Y G. Nonfinancial Disclosure and Analyst Forecast Accuracy: International Evidence on Corporate Social Responsibility Disclosure [J]. The Accounting Review, 2012, 87 (3): 723-759.

[170] Easton P D, Zmijewski M E. Cross-sectional Rariation in the Stock Market Response to Accounting Earnings Announcements [J]. Journal of Accounting & Economics, 1989, 11 (2-3): 60-141.

[171] Easton P, Zhang X. Mixing Fair-value and Historical-cost Accounting: Predictable Other Comprehensive Income and Mispricing of Bank Stocks [J]. Review of Accounting Studies, 2017, 22 (4): 1732-1760.

[172] Ernstberger J. The Value Relevance of Comprehensive Income under IFRS and US GAAP: Empirical Evidence from Germany [J]. International Journal of Accounting Auditing and Performance Evaluation, 2008, 5 (1): 1 -29.

[173] Fan J P H, Titman S, Twite G. An International Comparison of Capital Structure and Debt Maturity Choices [R]. NBER working paper, 2003, 16445.

[174] Feltham G A, Ohlson J A. Valuation and Clean Surplus Accounting for Operating and Financial Activities [J]. Contemporary Accounting Research, 1995, 2 (11): 689 -731.

[175] Firth M, Lin C, Li P, et al. Inside the Black Box: Bank Credit Allocation in China's Private Sector [J]. Joumal of Bankig & Finance, 2009, 33 (06): 1144 -1155.

[176] Frendy, Semba H D. Does Recycling Improve Information Usefulness of Income? The case of Japan [J]. Asian Review of Accounting, 2017, 25 (3): 376 -403.

[177] Gad J. Components of Comprehensive Income and Statement of Changes in Equity: An Analysis of Public Companies' Reporting Practices in Poland and Germany [J]. Management and Business Administration, 2015, 23 (3): 71 -88.

[178] Goncharov I, Hodgson A. Measuring and Reporting Income in Europef [J]. Journal of International Accounting Research, 2011, 10 (1): 27 -59.

[179] Graham R C, Lin K C. The Influence of Other Comprehensive Income on Discretionary Expenditures [J]. Journal of Business Finance & Accounting, 2018, 45 (1 -2): 72 -91.

[180] Gu Z, Li Z, Yang Y G. Monitors or Predators: The Influence of Institutional Investors On Sell - Side Analysts [J]. The Accounting Review, 2013 (1): 137 - 169.

[181] Ma. G. The Information Content of Operations - related Disclosures [J]. Journal of Accounting Literature, 2019, 11 (4): 1 -42.

[182] Hirst D E, Hopkins P E. Comprehensive Income Reporting and Analysts' Valuation Judgments [J]. Journal of, Accounting Research, 1998, 36 (3): 47 – 75.

[183] Hodder L D, Hopkins P E, Wahlen J M. Risk – relevance of Fair – value Income Measures for Commercial Banks [J]. The Accounting Review, 2006, 81 (2): 337 – 375.

[184] Hong H, Kacperczyk M. Competition and Bias [J]. Quarterly Journal of Economics, 2010, 125 (4): 1683 – 1725.

[185] Huang H, Lin S, Raghunandan K. The Volatility of Other Comprehensive Income and Audit Fees [J]. Accounting Horizons, 2016, 30 (2): 195 – 210.

[186] Jahmani Y, Choi H Y, Park Y, et al. The Value Relevance of Other Comprehensive Income and Its Components [J]. Social Science Electronic Publishing, 2017, 1 (9): 1 – 11.

[187] James E H, et al. Financial Reporting Transparency and Earnings Management [J]. Accounting Review, 2006, 81 (1), 135 – 157.

[188] Jones D A, Smith K J. Comparing the Value Relevance, Predictive Value, and Persistence of Other Comprehensive Income and Special Items [J]. The Accounting Review, 2011, 86 (6): 2047 – 2073.

[189] Kanagaretnam K, Mathieu R, Shehata M. Usefulness of comprehensive income reporting in Canada [J]. Journal of Accounting and Public Policy, 2009, 28 (4): 349 – 365.

[190] Khan S, Bradbury M E. The Volatility of Comprehensive Income and its Association with Market Risk [J]. Social Science Electronic Publishing, 2016, 56 (3): 727 – 748.

[191] Khan S, Bradbury M E. Volatility and Risk Relevance of Comprehensive Income [J]. Journal of Contemporary Accounting & Economics, 2014, 10 (1): 76 – 85.

[192] Khan S, Bradbury M E. The volatility of Comprehensive Income and

its Association with Market risk [J]. Accounting & Finance, 2016, 56 (3): 727 - 748.

[193] Kim J H. Presentation Formats of Other Comprehensive Income after Accounting Standards Update 2011 - 05 [J]. Research in Accounting Regulation, 2016, 28 (2): 118 - 122.

[194] Koonce L. Discussion of "Feedback Loops, Fair Value Accounting and Correlated Investments" [J]. Review of Accounting Studies, 2006, 11 (2 - 3): 417 - 427.

[195] Koonce L, Nelson K K, and Shakespeare C M. Judging the Relevance of Fair Value for Financial Instruments [J]. Accounting Review, 2011, 86 (6): 2075 - 2098.

[196] Landsman W R, Miller B L, Peasnell K, et al. Do Investors Understand Really Dirty Surplus? [J]. The Accounting Review, 2011, 86 (1): 237 - 258.

[197] Lee, Y J., Petroni, K R, and Shen, M. Cherry Picking, Disclosure Quality, and Comprehensive Income Reporting Choices: The Case of Property - liability Insurers [J]. Contemporary Accounting Research, 2006, 23 (3): 655 - 692.

[198] Liu J, Nissim D, Thomas J. Equity Valuation Using Multiples [J]. Journal of Accounting Research, 2002 (40): 135 - 172.

[199] Maines L A, McDaniel L S. Effects of Comprehensive - Income Characteristics on Nonprofessional Investors' Judgments: The Role of Financial - Statement Presentation Format [J]. The Accounting Review, 2000, 75 (2): 179 - 207.

[200] Mckibben R W. The Prediction of Systematic and Specific Risk in Common Stocks [J]. The Journal of Financial and Quantitative Analysis, 1973, 8 (2): 317 - 333.

[201] Meng X. Analyst Reputation, Communication, and Information Acquisition [J]. Journal of Accounting Research, 2015, 53 (01): 119 - 173.

[202] Li N Z. Negotiated Measurement Rules in Debt Contracts [J]. Journal of Accounting Research, 2010 (12): 1103 - 1144.

[203] Ohlson J. On transitory earnings [J]. Review of Accounting studies, 1999 (4): 145 - 162.

[204] Ohlson F A. Financial Ratios and Probabilistic Prediction of Bankruptcy [J]. Journal of Accounting Research, 1980 (18): 109 - 131.

[205] Park H. Market Reaction to Other Comprehensive Income [J]. Sustainability, 2018, 10 (6): 1 - 14.

[206] Park H. Company Stock in Defined Contribution Plans: Evidence from Proxy Voting [J]. Financial Management, 2018, 46 (1): 155 - 202.

[207] Rees L L, Shane P B. Academic Research and Standard - Setting: The Case of Other Comprehensive Income [J]. Accounting Horizons, 2012, 26 (4): 789 - 815.

[208] Robinson L E. The Time Has Come to Report Comprehensive Income [J]. Accounting Horizons, 1991, 5 (2): 107.

[209] Shroff P K, Venkataraman R, Xin B. Timeliness of Analysts' Forecasts: The Information Content of Delayed Forecasts [J]. Contemporary Accounting Research, 2014 (1): 202 - 229.

[210] Skinner D J. How Well does Net Income Measure Firm Performance? A Discussion of Two Studies [J]. 1999, 26 (1 - 3).

[211] Sloan R G. Do Stock Prices Fully Reflect Information in Accruals and Cash Flows about Future Earnings [J]. The Accounting Review, 1996, 71 (3): 289 - 315.

[212] Teoh S H, Wong T J. Percieved Auditor Quality and the Earnings Response Coefficient [J]. Accounting Review, 1993, 68 (2): 346 - 366.

[213] Van C P, De B I. On the IASB Comprehensive Income Project: an Analysis of the Case for Dual Income Display [J]. Abacus, 2007, 43 (1): 1 - 26.

[214] Veltri S, Ferraro O. Does other Comprehensive Income Matter in

Credit – oriented Systems? Analyzing the Italian context [J]. Journal of International Accounting Auditing and Taxation, 2018 (30): 18 –31.

[215] Wang X, Liu M. Empirical Research on Correlation between Other Comprehensive Income and Corporate Value Based on Data of Listed Companies in the Construction Industry [J]. Research on Modern Higher Education, 2017 (4): 79 –85.

[216] Warzocha G. Annual Financial Statements, the Importance of Other Comprehensive Income [J]. Financial Sciences, Naukio Finansach, 2018, 23 (2): 90 –101.

[217] Watts R, J Zimmerman. Positive Accounting Theory [M]. New Jersey: Prentice Hall, 1986.

[218] Widiastuti H, Safira E. Credit Value – Relevance of Earnings, Other Comprehensive Income, and Comprehensive Income: A Study on IFRS Adoption Stage in Indonesia [J]. Journal of Accounting and Investment, 2018, 19 (2): 194 –209.

[219] Scott W R. 财务会计理论（英文版第 7 版）[M]. 陈汉文改编. 北京：中国人民大学出版社，2017.

[220] Williamson O E. The Economic Institutions of Capitalism [M]. New York: The Free Press, 1985.

[221] Xu W, Qi M. Presentation Pattern and the Value Relevance of Comprehensive Income: Evidence from China [J]. International Journal of Economics and Finance, 2017, 9 (6): 31 –37.

[222] Yin F, Zheng Q. Other Comprehensive Income and Earnings Management: An Empirical Analysis Based on Modified Jones Model [J]. Advances in Economics, Business and Management Research, 2017 (37): 429 –438.

[223] Zoubi T A, Salama F, Hossain M, et al. The Value Relevance of Components of Other Comprehensive Income When Net Income is Disaggregated [J]. Review of Pacific Basin Financial Markets & Policies, 2017, 19 (4): 207 –226.

附　　录

附录 A　　IASB 相关准则中其他综合收益主要项目列表

项目类别	具体交易事项	准则相关规定
外币业务	外币报表折算差额	国外经营的外币报表折算产生的利得或损失应确认为其他综合收益
套期工具	现金流量套期和境外经营净投资套期	套期工具产生的利得或损失中属于有效套期的部分应当计入其他综合收益
	公允价值套期	如果套期工具选择将其公允价值变动计入其他综合收益的权益工具进行套期，被套期项目产生的套期利得或损失应计入其他综合收益
	当主体将期权合同的内在价值与时间价值区分开来，并且仅将期权的内在价值变动指定为套期工具，若期权所套期的是与交易相关（或时间段相关）的被套期项目	则期权时间价值的公允价值变动中与被套期项目相关的部分应当计入其他综合收益，并在权益中单独归集
	将远期合同的远期要素和即期要素分开，且仅将即期要素的变动指定为套期工具	远期合同的远期要素价值的变动计入其他综合收益
	当主体将金融工具中的外汇基差与金融工具分拆并将其排除在指定为套期工具的金融工具之外时	其外汇基差价值的变动计入其他综合收益
金融工具	金融资产从摊余成本计量类别重分类至以公允价值计量且其变动计入其他综合收益计量类别	应当在重分类日计量该资产公允价值，金融资产的原摊余成本与公允价值之间的差额所产生的利得或损失应计入其他综合收益
	以公允价值计量且其变动计入损益的金融负债所产生的利得或损失	归属于该金融负债自身信用风险变动的金融负债公允价值变动金额应当计入其他综合收益，其余的金融负债公允价值变动应当计入损益
	以公允价值计量且其变动计入其他综合收益的金融资产	除减值利得或损失及汇兑损益之外，所产生的任何利得或损失均应在其他综合收益中确认，直至该金融资产终止确认或被重分类
	以公允价值认定且其变动计入其他综合收益的权益工具投资	主体在初始确认时，可以作出不可撤销的选择，其公允价值的后续变动在其他综合收益中列报

续表

项目类别	具体交易事项	准则相关规定
对联营、合营企业投资	权益法下，被投资者因其他综合收益的变动而导致的投资者对被投资者权益份额的变动	按被投资者的其他综合收益中属于投资者的份额确认为投资者的其他综合收益
不动产、厂房和设备，无形资产	重估价盈余的变动	如果资产的账面金额因重估价而增加，那么增加额应确认为其他综合收益，并累积计入权益中的重估价盈余科目。但如果该增值是同一资产以前被确认为损益的重估减值的转回，那么该重估增值应确认为损益
		如果重估引起资产账面金额的减少，减值应确认为损益。但就同一资产而言，在现有“重估价盈余”项目的贷方余额范围内的减值应确认为其他综合收益
雇员福利	设定受益计划净负债或净资产的重新计量	重新计量设定受益净资产或净负债导致的变动应在其他综合收益中确认，且在后续期间不应重分类计入损益
投资性房地产	自用房地产转换为以公允价值计量的投资性房地产	转换日应对该项房地产的账面金额与其公允价值之间的任何差额，采用与 IAS16 中价值重估相同的方式进行处理

附录 B　　FASB 相关准则中其他综合收益主要项目列表

项目类别	具体交易事项	准则相关规定
外币业务	外币报表折算差额	若一个主体以外币为功能货币（记账本位币），产生的外币报表折算差额不应包括在净利润中，而应在其他综合收益中报告
	具有长期投资性质的主体内部外币交易	具有长期投资性质的主体内部外币交易，当该交易的主体被合并、联营或在报告主体的财务报表中采用权益法核算时，所产生的外币交易的利得或损失应当计入其他综合收益
	境外经营净投资套期外币交易	自指定之日起，被指定为境外经营净投资套期的外币交易产生的利得或损失中属于有效套期的部分应当计入其他综合收益
套期工具	现金流量套期	现金流量套期保值属于衍生工具套期的有效套期部分，产生的利得或损失应当作为其他综合收益的组成部分进行报告
	公允价值和现金流量套期	对于公允价值和现金流量套期，应在套期工具有效期内当采用系统、合理的方法在收益中确认被排除在有效性评估之外的部分的初始价值。任何被排除部分的公允价值变动与按该系统和合理方法确认的收益之间的差额应确认为其他综合收益

续表

项目类别	具体交易事项	准则相关规定
套期工具	对特殊项目套期	如果套期工具是对选择以公允价值计量且其变动计入其他综合收益的非交易性权益工具投资（或其组成部分）进行套期的，套期工具产生的利得或损失应当计入其他综合收益
金融工具	被分类为可供出售金融资产的债券未实现持有利得或损失	应当确定公允价值低于摊余成本是否由于信用损失等因素造成的，以公允价值低于摊余成本基础的金额为限，将与信用损失有关的减值准备计入信用损失减值准备。未计入信用损失减值准备的减值，应当将扣除适用的税费后的金额计入其他综合收益
	持有至到期投资重分类为可供出售金融资产	持有至到期投资重分类为可供出售金融资产所产生的未实现的持有利得或损失计入其他综合收益
	因特定工具信贷风险变化而导致金融负债公允价值变动	该主体应在其他综合收益中单独列示因特定工具信贷风险变化而导致金融负债公允价值变化的部分。主体可将公允价值变动总额中不包括基本市场风险（如无风险利率或基准利率）变动的部分视为特定工具信贷风险变动的结果
雇员福利	退休金或其他退休后福利相关利得或损失	与养老金或其他退休后福利相关的利得或损失（未立即确认为定期福利净成本的部分），应计入其他综合收益
	与养老金或其他退休福利相关的先前服务成本或信贷	与养老金或其他退休福利相关的先前服务成本或信贷，应计入其他综合收益
	与养老金或其他退休后福利相关的转移资产或债务	与养老金或其他退休后福利相关的转移资产或债务（未立即确认为定期福利净成本的部分），应计入其他综合收益
保险合同	长期保险合同	传统和有限偿付的长期保险合同的贴现率变化的影响计入其他综合收益
		与市场风险收益相关的公允价值变动，应当计入净利润，但负债状况下市场风险收益的工具特定信用风险的变化所引起的公允价值变动部分，应当在其他综合收益中确认

附录C　我国相关准则中其他综合收益主要项目列表

项目类别	具体交易事项	准则相关规定
外币业务	境外经营财务报表折算	折算产生的外币财务报表折算差额计入其他综合收益
	外币非货币性金融资产汇兑差额	外币非货币性金融资产形成的汇兑差额，与其公允价值变动一并计入其他综合收益

续表

项目类别	具体交易事项	准则相关规定
套期工具	现金流量套期	套期工具产生的利得或损失中属于有效套期的部分作为现金流量套期储备，应当计入其他综合收益
	公允价值套期中，套期工具是对选择以公允价值计量且其变动计入其他综合收益的非交易性权益工具投资（或其组成部分）进行套期的	套期工具产生的利得或损失应当计入其他综合收益；其因被套期风险敞口形成的利得或损失应当计入其他综合收益，其账面价值已经按公允价值计量，不需要调整
	对境外经营净投资的套期	套期工具形成的利得或损失中属于套期有效的部分，应当计入其他综合收益
金融工具	分类为以公允价值计量且其变动计入其他综合收益的金融资产	所产生的所有利得或损失，除减值损失或利得和汇兑损益之外，均应当计入其他综合收益，直至该金融资产终止确认或被重分类。但采用实际利率法计算的该金融资产的利息应当计入当期损益
	指定为以公允价值计量且其变动计入其他综合收益的非交易性权益工具投资	除了获得的股利（明确代表投资成本部分收回的股利除外）计入当期损益外，其他相关的利得和损失（包括汇兑损益）均应当计入其他综合收益，且后续不得转入当期损益
	以摊余成本计量的金融资产重分类为以公允价值计量且其变动计入其他综合收益的金融资产	应当按照该金融资产在重分类日的公允价值进行计量，原账面价值与公允价值之间的差额计入其他综合收益
	金融负债指定为以公允价值计量且其变动计入当期损益的金融负债	由企业自身信用风险变动引起的该金融负债公允价值的变动金额，应当计入其他综合收益
长期股权投资	在权益法核算下，被投资单位其他综合收益变动	应当按照应享有或应分担的被投资单位其他综合收益的份额，调整长期股权投资账面价值，同时增加或减少其他综合收益
雇员福利	设定受益计划净负债或净资产的重新计量	所产生的变动（包括精算利得和损失、计划资产回报）应计入其他综合收益，且后续会计期间不允许转回至损益
投资性房地产	非投资性房地产（自用房产或作为存货的房地产）转换为以公允价值进行后续计量的投资性房产	转换日公允价值小于账面价值的，按其差额借记公允价值变动损益；转换日公允价值大于账面价值的，按其差额贷记其他综合收益